19 50 €

Desserts, douceurs et friandises

65 recettes gourmandes

de Sylvie et Gaston Lenôtre

Les textes de ce livre sont extraits des *Jardins Gourmands des Lenôtre*,
de Gaston et Sylvie Lenôtre, ouvrage paru en 1998 aux éditions Hachette Pratique.

© 2004 HACHETTE LIVRE
(Hachette Pratique)

Direction : Stephen Bateman et Pierre-Jean Furet
Responsable éditoriale : Brigitte Éveno
Suivi éditorial : Charlotte Buch-Müller et Hortense Jablonski
Création et réalisation : Marie Vendittelli (m.l.p.looping@wanadoo.fr)

Imprimé en Italie par G. Canale
Dépôt légal : avril 2004

23-85-6883-01-5
ISBN : 2-01-23-6883-2

Desserts, douceurs et friandises

65 recettes gourmandes
de Sylvie et Gaston Lenôtre

Photographies : Pierre Hussenot
Stylisme : Marie Leteuré

HACHETTE

Sommaire

Mise en bouche

Gaston et Sylvie Lenôtre vous font découvrir dans cet ouvrage toutes sortes de desserts traditionnels comme le fondant au chocolat, le pain d'épice, le gâteau de riz ou le crumble aux pommes, mais aussi des recettes plus exotiques : poires au thé caramélisées, flan aux kumquats et au citron vert, omelette soufflée aux reines-claudes, marquise à l'angélique...

Grâce aux pages produits, apprenez à mieux connaître et à utiliser, dans toutes vos pâtisseries, fruits, épices, fleurs et arômes. Tous les ingrédients employés dans les recettes sont néanmoins faciles à se procurer, afin de vous garantir une cuisine simple au quotidien.

Vous trouverez également des conseils de préparation et de conservation, des suggestions d'accompagnement ou encore des astuces pour varier les plaisirs, le tout agrémenté de nombreuses illustrations.

Gâteaux et cakes

L'ANGÉLIQUE

Je vous invite à utiliser, confite et en liqueur, celle que l'on appelle « racine du Saint-Esprit » pour faire un gâteau fameux.

■ Je vous demande de prendre un livre sur les plantes médicinales et de lire tous les bienfaits attribués à la divine angélique.

■ Il nous faudrait un chapitre entier pour elle toute seule. De plus, c'est une plante superbe dans un jardin. Pendant deux ans, elle croît avec force et panache, puis toute la plante est récoltée, des racines jusqu'aux graines. Quelques passionnés, comme Pierre Thonnard, la cultivent encore et la travaillent dans la région de Niort.

MARQUISE À L'ANGÉLIQUE

* Faites fondre le beurre puis laissez-le refroidir. Préchauffez le four à 200 °C (th. 5/6).

* Préparez la pâte d'amandes : mixez les amandes avec le sucre, en ajoutant le blanc d'œuf pour obtenir une boule de pâte. Mettez-la dans le bol mélangeur d'un robot équipé d'une pale. Malaxez à vitesse moyenne pour lisser la pâte, et incorporez ensuite les œufs, un par un toutes les 5 min. La pâte doit blanchir et s'alléger. Au bout de 15 à 20 min de brassage, ajoutez la farine, puis le beurre.

* Tapissez l'intérieur d'un moule à manqué de papier sulfurisé. Versez la pâte dedans et répartissez les dés d'angélique sur le dessus du gâteau.

* Faites cuire la marquise dans le four pendant 15 min à 200 °C, et poursuivez la cuisson pendant encore 15 min à 180 °C (th. 4/5). La chaleur doit être bien répartie dessus et dessous : si la marquise colore trop vite, protégez-la avec une plaque. Laissez tiédir le gâteau, puis démoulez-le et punchez le dessus de liqueur avec un pinceau.

* Bien emballée, cette marquise se gardera dans le réfrigérateur pendant 3 à 4 jours. Vous pouvez la fourrer de crème pâtissière ou la napper d'un glaçage, mais je la préfère accompagnée d'un coulis de fruits frais ou de marmelade de prunes fraîches.

* Cette recette permet aussi de réaliser des petits fours. Faites-les cuire dans des petits moules pendant 10 à 15 min, selon la taille de ces derniers.

POUR 6 À 8 PERSONNES

PRÉPARATION : 30 min

CUISSON : 30 min

170 G D'AMANDES EN POUDRE, OU ENTIÈRES ÉMONDÉES (VOIR P. 156)

130 G DE SUCRE SEMOULE

1/2 BLANC D'ŒUF

4 ŒUFS ENTIERS

50 G DE FARINE

90 G DE BEURRE

200 G D'ANGÉLIQUE CONFITE COUPÉE EN DÉS

3 C. À S. DE LIQUEUR D'ANGÉLIQUE

CAKE AU MAÏS

POUR 6 PERSONNES

PRÉPARATION : 15 min

CUISSON : 45 min

REPOS : 30 min

3 GROS ŒUFS

80 G DE BEURRE RAMOLLI

3 C. À S. DE LAIT

175 G DE FARINE DE MAÏS

175 G DE SUCRE SEMOULE

1 CITRON

1/2 SACHET DE LEVURE

CHIMIQUE

100 G DE NOISETTES GRILLÉES

CONCASSÉES

50 G D'ABRICOTS SECS

FEUILLES D'ÉPIS DE MAÏS

(OU PAPIER SULFURISÉ)

POUR LE MOULE

HUILE DE MAÏS

✷ Ébouillantez les feuilles d'épis de maïs, épongez-les et badigeonnez-les d'huile. Râpez le zeste du citron et pressez son jus. Dans une terrine, fouettez le beurre avec le sucre, les œufs, le zeste de citron et 3 c. à s. de jus de citron. Incorporez ensuite la farine de maïs mélangée avec la levure, puis le lait.

✷ Gardez 50 g de gros morceaux de noisettes pour le décor, et incorporez le reste dans la pâte avec les abricots secs hachés. Lorsque le mélange est homogène, laissez reposer pendant 30 min.

✷ Préchauffez le four à 180 °C (th. 4/5). Badigeonnez d'huile un moule à cake de 1,5 l de contenance. Chemisez le moule avec les feuilles de maïs, en disposant les pointes dans le fond.

✷ Versez la pâte dans le moule, parsemez-la des 50 g de noisettes grillées, puis rabattez les feuilles par-dessus, sans tasser car la pâte va gonfler. Faites cuire dans le four pendant 45 min. Si le dessus du cake colore trop rapidement, recouvrez-le de papier d'aluminium. Une fois ce gâteau cuit et démoulé, vous le dégusterez avec une compote colorée et acidulée.

✷ Il se conservera pendant 4 à 5 jours dans le réfrigérateur, emballé dans un film alimentaire. Il m'a été inspiré par des petits gâteaux cuits à la vapeur dans des feuilles d'épis de maïs que j'ai dégustés à Cuzco, lors d'une grande fête indienne. J'espère que vous aussi vous prendrez autant de plaisir à découvrir cette recette.

LA DATTE

Fruit de toutes les convoitises, la *deglet nour* (« doigt de lumière ») est la plus belle de toutes les dattes, et son goût est d'ambre et de miel.

■ Trésor fragile des palmeraies du grand Sud, la datte ne peut mûrir que dans l'extrême chaleur des oasis. Depuis des millénaires, elle nourrit les grandes caravanes, mais elle risque de disparaître, aussi l'homme cherche-t-il à la sauver des maladies. Au Maroc, il ne reste que 4,5 millions de palmiers-dattiers sur les 15 millions qui prospéraient en 1900. Dans une oasis, cet arbre ne vit au mieux que cent ans, et une vingtaine de rejets prélevés à la base assurent le renouvellement de la palmeraie, mais c'est trop peu.

■ La culture *in vitro* (en éprouvette, sur milieu stérile) permet de produire plusieurs milliers de palmiers, en prélevant sur un rejet un fragment de tissu à la base des très jeunes feuilles du bourgeon terminal. « Les techniciennes doivent posséder beaucoup de savoir-faire pour appliquer cette méthode », m'explique le père Gildas Beauchesne, jésuite et chercheur au C.N.R.S., qui a mis cette technique au point. Il existe de nombreuses cultures de plantes *in vitro,* mais celle du palmier-dattier est l'une des plus difficiles. C'est une découverte française de première importance, grâce à laquelle on pourra replanter le désert, aidant ainsi à la lutte contre la faim dans le monde.

■ Dans la nature, un noyau donne un palmier, mâle ou femelle. Dans les palmeraies, on pollinise en coupant les branches couvertes de fleurs mâles et en les agitant au-dessus des palmiers-dattiers femelles. En Californie, où cette culture est bien développée, on mélange le pollen avec de l'eau que l'on pulvérise sur les palmiers, qui sont du même coup fécondés et rafraîchis.

■ La datte est un produit parfaitement naturel, qui n'a besoin ni de traitement ni de confisage. Préférez-la sur tige, sans ajout de glucose. Elle est riche en minéraux et en vitamines : c'est un tonique nerveux, un aliment de l'effort physique. Préférez la *deglet nour* de Tunisie, ou la *medjool* du Maroc et d'Israël.

CAKE AUX DATTES ET CLÉMENTINES CONFITES

✱ Préchauffez le four à 180 °C (th. 4/5). Chemisez deux moules à cake de papier sulfurisé.

✱ Coupez les écorces de clémentines en lamelles. Dénoyautez les dattes et coupez-les également en lamelles. Gardez-en quelques-unes pour le décor. Mélangez dans une terrine les deux farines et la levure.

✱ Faites fondre le beurre à 30 °C dans un grand saladier. Ajoutez le sucre, la poudre d'amandes et la moitié de la farine. Incorporez ensuite les œufs un par un, puis le reste de la farine, et enfin les écorces de clémentines.

✱ Répartissez les trois quarts de la pâte dans les moules. Disposez les lamelles de dattes dans la longueur, puis recouvrez avec le reste de pâte. Faites cuire dans le four pendant 50 min, et laissez tiédir avant de démouler.

✱ Décorez le dessus de chaque gâteau avec les lamelles de clémentines et de dattes réservées, en les collant avec un peu de confiture.

✱ Servez ce gâteau au petit prince ou au berger avec du yaourt glacé, parfumé avec une cuillerée d'eau de rose, et des graines de cardamome écrasées.

POUR 2 CAKES

PRÉPARATION : 15 min

CUISSON : 50 min

300 G DE DATTES SUR TIGE, ÉBRANCHÉES

8 ÉCORCES DE CLÉMENTINES CONFITES (VOIR P. 165)

250 G DE BEURRE

200 G DE SUCRE SEMOULE

125 G DE FARINE BLANCHE

125 G DE FARINE COMPLÈTE

1 SACHET DE LEVURE CHIMIQUE

100 G DE POUDRE D'AMANDES

4 ŒUFS

CONFITURE POUR LA FINITION

CAKE AUX FIGUES

POUR 6 PERSONNES

PRÉPARATION : 20 min

CUISSON : 25 min

100 G DE FIGUES SÉCHÉES

4 FEUILLES DE FIGUIER

150 G DE SUCRE SEMOULE

150 G DE BEURRE RAMOLLI

3 GROS ŒUFS

175 G DE FARINE DE FROMENT

1 SACHET DE LEVURE
CHIMIQUE

100 G DE RAISINS DE
CORINTHE

4 C. À S. DE COGNAC

HUILE POUR LE MOULE
ET LES FEUILLES

✱ Hachez les figues, faites-les macérer dans une jatte avec les raisins secs et le cognac pendant 1 h au moins.

✱ Préchauffez le four à 170 °C (th. 4). Plongez les feuilles de figuier pendant 10 min dans une casserole d'eau bouillante, égouttez-les, épongez-les et badigeonnez-les d'huile des deux côtés. Tapissez un moule à cake, lui aussi légèrement huilé, avec les deux plus grandes feuilles.

✱ Dans un saladier, mélangez intimement le beurre et le sucre, ajoutez les œufs un par un, puis la farine et la levure tamisées ensemble. Incorporez alors les figues hachées et les raisins secs, ainsi que le cognac dans lequel ils ont macéré.

✱ Versez cette préparation dans le moule chemisé et faites cuire dans le four pendant 50 min. Enfoncez la lame d'un couteau dans le cake pour voir s'il est bien cuit.

✱ Démoulez le gâteau et présentez-le enveloppé de ses feuilles sur un plat de service. Dépliez les feuilles pour le couper en tranches.

✱ Servez ce gâteau au goûter ou en dessert, seul ou avec des figues fourrées aux raisins (voir page 50).

LA FIGUE

Les figues sèches viennent de la vallée d'Izmir, en Turquie. Macérées dans du vin, elles cuiront avec un gibier. Gonflées dans un sirop parfumé, elles enrichiront un dessert.

■ Planté au bord de la route, à l'angle du chemin, ce gros figuier semblait incongru. Il fallait s'approcher, se pencher et voir l'eau courir dans le petit canal en contrebas pour imaginer qu'ici, il y a cinquante ans, une noria faisait monter l'eau. C'est par une succession ingénieuse de barrages que l'eau de la Durance parvient jusqu'aux Alpilles. Le cheval qui faisait tourner la noria, lorsque les champs avaient besoin d'être arrosés, bénéficiait en outre de l'ombre du figuier, et son propriétaire venait y faire la sieste après avoir dégusté ses fruits juteux de juillet à septembre.

■ Quel bel arbre que le figuier ! La première figue apparaît en juin. C'est la figue-fleur, située au bout du rameau. Quand on ouvre son réceptacle, l'intérieur est tapissé de fleurs serrées. Elles ne sont pas pollinisées, à la différence de la figue dite « de seconde saison », qui se forme plus tard, à l'aisselle des feuilles. La bellone de Nice, la longue noire de Caromb, la Marseillaise à chair rose saumon (qui donnera de délicieuses figues sèches), mais aussi les figues de Soliès ou la blanche d'Argenteuil : telle est l'énumération colorée qu'évoque Francis Honoré, producteur passionné installé à Graveson, près de Saint-Rémy-de-Provence. Il a déjà réuni plus de cent cinquante variétés de figues en parcourant le monde.

■ En été, seuls les orages ont raison des figues. Dès que l'eau les atteint, elles s'ouvrent et pourrissent, comme des petites poches ridées à moitié vides. Blanches ou violettes, à peau fine ou non, elles sont fragiles et supportent mal le transport quand elles sont cueillies mûres, comme il se doit. Méfiez-vous des figues d'importation, qui ont mûri dans les soutes des cargos. La figue est très nourrissante : préférez toujours la qualité à la quantité.

■ Les feuilles du figuier sont épaisses, odorantes et de bonne tenue, et elles se conservent bien dans un panier pendant un à deux mois. On peut les cueillir de juin à octobre. Faites-les blanchir à l'eau bouillante pendant une dizaine de minutes et chemisez-en un moule huilé, avant de le remplir d'une pâte à gâteau ou d'une glace à faire prendre dans le congélateur. Présentez ensuite le dessert avec la feuille décorative, que vous retirerez délicatement avant dégustation.

LA LAVANDE

■ Mes quatre pieds de lavande plantés face à la montagne donnent des fleurs d'un bleu très intense. C'est peut-être à cause de l'altitude, car les fleurs qui poussent en montagne ont des couleurs plus vives que celles qui poussent en plaine. Les épis bleus si odorants sont visités par les abeilles et les papillons avant que je ne les cueille.

■ Une glace ou un bavarois à la lavande sont exquis, à condition que ce parfum ne domine pas les autres saveurs.

■ Faites une fantaisie à la lavande avec la recette des tuiles au miel (voir page 92).

Enfermez les épis de fleurs de lavande dans un bocal de sucre semoule : il vous suffira de l'agiter de temps en temps pour obtenir du sucre parfumé.

PAIN D'ÉPICE À LA LAVANDE

POUR 2 MOULES À CAKE

PRÉPARATION : 20 min

CUISSON : 1 h 30

REPOS : 2 À 3 JOURS

400 G DE MIEL DE LAVANDE

200 G DE SUCRE CASSONADE
EN POUDRE

150 G DE BEURRE

2 ORANGES

2 C. À S. D'ANIS VERT

1 C. À S. DE FLEURS DE
LAVANDE

300 G DE FARINE BLANCHE

250 G DE FARINE COMPLÈTE

3 SACHETS DE LEVURE
CHIMIQUE

✳ Préchauffez le four à 180 °C (th. 4/5) et chemisez deux moules à cake de papier sulfurisé.

✳ Prélevez le zeste des oranges en fines lanières, puis pressez les fruits. Faites chauffer 20 cl d'eau dans une petite casserole avec le jus d'orange, le miel, le sucre et le beurre. Avant ébullition, retirez du feu, mélangez et couvrez.

✳ Dans le bol d'un robot, mélangez les farines, la levure, les zestes, l'anis et la lavande. Incorporez petit à petit le contenu de la casserole, en pétrissant jusqu'à ce que la pâte soit homogène.

✳ Répartissez cette pâte dans les moules et faites cuire dans le four pendant 1 h 30 : si les pains d'épice colorent trop, couvrez-les de papier d'aluminium.

✳ Laissez-les un peu refroidir avant de les emballer dans un torchon, sans les démouler, et laissez-les dans le réfrigérateur pendant 2 à 3 jours.

✳ Ces pains d'épice bien parfumés se bonifient lorsqu'on les laisse pendant une quinzaine de jours au frais, à moins que des gourmands ne les aient trouvés avant...

CHAUSSON FEUILLETÉ
AUX AIRELLES

POUR 6 PERSONNES

PRÉPARATION : 20 min

CUISSON : 25 min

200 G D'AIRELLES OU
DE CRANBERRIES
20 CL D'EAU DE SOURCE
120 G DE SUCRE SEMOULE
250 G DE PÂTE FEUILLETÉE
AU BEURRE
2 C. À S. DE SUCRE ROUX
1 C. À S. DE LAIT

✳ Préchauffez le four à 240 °C (th. 7/8). Versez l'eau dans une casserole avec le sucre et faites bouillir pendant 5 min. Ajoutez les airelles et faites-les cuire pendant 5 à 6 min. Le mélange monte vite, aussi attention aux débordements. Tâtez avec une cuiller en bois pour sentir les airelles prendre en gelée. Arrêtez aussitôt la cuisson et laissez tiédir.

✳ Abaissez la pâte feuilletée le plus finement possible, sans chercher à faire un rond ou un carré parfait. Piquez avec une fourchette toute la surface.

✳ Répartissez les airelles en compote sur la moitié de ce fond, en laissant tout autour une marge de 1 cm. Mouillez le pourtour de lait à l'aide d'un pinceau, repliez la pâte en formant le chausson et collez les bordures en appuyant avec les doigts.

✳ Poudrez le dessus de sucre roux et faites cuire dans le four pendant 25 min. En fin de cuisson, vérifiez que le feuilletage ne brûle pas et, si besoin, couvrez de papier d'aluminium. Servez tiède. Si vous confectionnez des chaussons individuels, diminuez la cuisson de 7 à 8 min.

✳ Vous pouvez conserver la compote d'airelles dans une boîte hermétique en plastique, dans le réfrigérateur, pendant 8 jours.

LA FRAISE DES BOIS

■ L'été dernier, dans la forêt de pins cembros cinq fois centenaires, Myriam nous a entraînés dans une cueillette aux fraises des bois. Accrochés aux pentes herbeuses, nous avons transpiré de longues heures pour en rapporter triomphalement 1 kilo.

■ Le « kri kri kri » des casse-noix mouchetés faisait diversion et nous en profitions pour nous redresser, car il est des cueillettes qui laissent le dos moulu. Précieux butin destiné à la confection de quelques pots de confiture pour offrir. Quelle déception en les goûtant au retour des vacances !

■ L'amertume des fraises, à peine perceptible quand on les mangeait crues, s'était développée à la cuisson. Peut-être était-ce le manque d'eau ? Car elles n'avaient pas rendu de jus à la cuisson. La confiture préparée avec moitié fraises de jardin et moitié fraises des bois est bien meilleure. Mon conseil : avant d'offrir des confitures maison à vos plus chers amis, goûtez-les !

FROMAGER
AUX FRAISES DES BOIS

✳ Préchauffez le four à 200 °C (th. 5/6), et beurrez le moule. Écrasez les biscuits secs en chapelure, mélangez avec le sucre et le beurre fondu. Tapissez de cette pâte le fond et les parois du moule.

✳ Mélangez 100 g de fromage blanc dans un saladier avec le beurre ramolli. Ajoutez ensuite le reste de fromage blanc, puis le sucre et la fécule. Incorporez alors les œufs un par un en fouettant, puis 1 c. à c. de zeste de citron râpé et 2 c. à s. de jus de citron. Mettez de côté 250 g des plus beaux fruits rouges et incorporez le reste au mélange.

✳ Versez cette préparation dans le moule tapissé de biscuit. Faites cuire dans le four pendant 10 min, puis baissez la température à 170 °C (th. 4) et poursuivez la cuisson pendant encore 20 à 25 min. L'intérieur du gâteau doit rester moelleux. Laissez-le refroidir avant de le démouler dans un plat, et garnissez le centre avec les fruits réservés.

POUR 8 PERSONNES

PRÉPARATION : 20 min

CUISSON : 30 À 35 min

POUR LA PÂTE :

120 G DE BISCUITS SECS

60 G DE SUCRE SEMOULE

80 G DE BEURRE FONDU

BEURRE POUR LE MOULE

POUR LA GARNITURE :

500 G DE FROMAGE BLANC

60 G DE BEURRE RAMOLLI

50 G DE SUCRE

30 G DE FÉCULE DE MAÏS

5 ŒUFS

1 CITRON

550 G DE FRAISES DES BOIS

ET/OU AUTRES FRUITS ROUGES

(MYRTILLES, FRAMBOISES)

MOULE À SAVARIN DE 2 L

DE CONTENANCE

FONDANT AU CHOCOLAT

POUR 4 À 6 PERSONNES

PRÉPARATION : 20 min

CUISSON : 30 min

120 G DE CHOCOLAT NOIR

100 G DE BEURRE RAMOLLI

120 G DE VERGEOISE BLONDE

(SUCRE ROUX)

60 G DE FARINE TAMISÉE

1 GROSSE C. À S.

DE MIEL LIQUIDE

1 ŒUF ENTIER

1 JAUNE D'ŒUF

4 C. À S. DE LAIT CONCENTRÉ

60 G DE CERNEAUX DE

NOIX HACHÉS

BEURRE POUR LE MOULE

✳ Préchauffez le four à 175 °C (th. 4/5). Beurrez un moule rectangulaire de 1 l de contenance et placez, dans le fond, du papier sulfurisé.

✳ Faites fondre le chocolat au bain-marie ou dans un four à micro-ondes. Mélangez dans une terrine le beurre avec le sucre, ajoutez la moitié de la farine, le miel, l'œuf entier et le jaune. Incorporez ensuite en mélangeant bien le lait concentré, puis ajoutez le chocolat fondu avec une spatule, et enfin le reste de farine et les noix.

✳ Garnissez le moule sur une épaisseur de 3 cm. Faites cuire dans le four pendant 30 min, puis laissez le gâteau dans le four éteint pendant encore 5 min. Si vous devez démouler le gâteau pour le découper en parts, ajoutez 5 min de cuisson.

✳ Ce gâteau est délicieux accompagné d'un coulis de framboises (voir page 178). Il se conservera très bien à température ambiante pendant 2 à 3 jours, emballé dans du papier d'aluminium. Je vous conseille d'en faire deux d'un coup...

LE CACAO

■ Assise au bord du rio Napo, une jeune Indienne Huaorani attend, comme moi, la pirogue, et suce avec délectation l'intérieur d'un gros fruit à la pulpe blanche et laiteuse. Ses enfants grappillent aussi, la bouche toute barbouillée. J'aimerais en faire autant, en souvenir de cette première boisson acidulée et nutritive faite par un Indien à l'époque précolombienne. En souvenir aussi du jour où un autre eut l'idée de griller ses fèves. Il pensa que cette odeur était divine et, se prosternant devant Quetzalcoatl, il remercia le dieu de la lune qui avait sûrement offert le cacaoyer aux hommes.

■ La cabosse est le fruit du cacaoyer ; on en extrait 25 à 75 fèves, graines magiques et délicates, difficiles à transformer. Les pâtes de cacao mises au point par Gaston ont amélioré les produits des pâtissiers-chocolatiers du monde entier. Et, dans cet ouvrage, vous trouverez deux recettes très simples, antidéprime et tonifiantes, dont un sorbet proposant l'alliance subtile de la pistache et du chocolat.

Chaque récolte de fèves demande des soins et des traitements appropriés, un peu comme le raisin pour le vin. Les assemblages par analogie de qualité sont passionnants.

LE SAFRAN

■ Ce petit crocus pousse à l'état sauvage en Grèce, en Italie et au Kurdistan.

■ On en cultive en France, où il fleurit en automne : cent mille fleurs sont nécessaires pour récolter 5 kilos de stigmates, qui pèseront, une fois séchés, 1 kilo. Cet or végétal est un produit unique, à manier avec discernement.

■ Ne cherchez pas à récolter les stigmates des petits crocus sauvages, car vous risqueriez de vous empoisonner avec le colchique. Le safran se vend en petites doses de un ou deux grammes de poudre, juste ce qu'il faut pour ensoleiller un plat ; faites-le dissoudre dans un liquide chaud avant de l'utiliser. Les stigmates parfument davantage, mais colorent moins ; il faut les écraser dans quelques gouttes de liquide avant emploi.

GÂTEAU DE RIZ AU SAFRAN

POUR 6 À 8 PERSONNES

PRÉPARATION : 15 min

CUISSON : 1 h 30

1 L DE LAIT

20 PISTILS DE SAFRAN OU

1 DOSE DE SAFRAN EN POUDRE

200 G DE RIZ DE CAMARGUE

À GRAINS RONDS

150 G DE SUCRE SEMOULE

1 C. À C. DE GINGEMBRE FRAIS

RÂPÉ

1 GROSSE POMME ACIDULÉE

2 JAUNES D'ŒUFS

BEURRE POUR LE MOULE

GROSEILLES AU NATUREL (P. 149)

ET AQUAVIT POUR SERVIR

GELÉE D'AIRELLE (P. 64)

Je dédie à Hélène ce gâteau au safran. En Suède, les desserts fleurissent comme des boutons d'or dans les champs de neige.

✳ Écrasez le safran dans un peu de lait, ajoutez-le au reste de lait dans une casserole avec le gingembre et le sucre, et portez à ébullition.

✳ Lavez le riz plusieurs fois et égouttez-le. Versez-le dans le lait aux épices, mélangez et faites cuire sur feu très doux pendant 45 min. Laissez hors du feu et couvert pendant 10 min. Préchauffez le four à 170 °C (th. 4), préparez un bain-marie, beurrez un grand moule côtelé.

✳ Pelez et coupez la pomme en petits dés. Incorporez-la au riz avec les jaunes d'œufs. Versez dans le moule et faites cuire dans le four au bain-marie pendant 45 min. démoulez tiède.

✳ Servez le gâteau de riz tiède ou froid, avec la gelée d'airelle, les groseilles au naturel et un dé à coudre d'aquavit par personne.

✳ Ce dessert joue sur les contrastes de couleurs. Il se garde pendant 3 jours dans le réfrigérateur.

GÂTEAU ÉPICÉ AUX NOIX

**POUR 2 GÂTEAUX
DE 800 G CHACUN**

PRÉPARATION : 15 min

CUISSON : 1 h à 1 h 10

REPOS : 1 h

POUR LE MÉLANGE N° 1 :

100 G DE NOIX HACHÉES

100 G DE NOISETTES EN POUDRE

250 G DE RAISINS BLONDS ET DE

RAISINS DE CORINTHE MÉLANGÉS

2 C. À S. DE RHUM

POUR LE MÉLANGE N° 2 :

180 G DE SUCRE BLANC ET DE SUCRE

ROUX EN POUDRE MÉLANGÉS

175 G DE BEURRE EN POMMADE

250 G DE FROMAGE BLANC LISSÉ

(À 40 % DE MG), BIEN ÉGOUTTÉ

2 GROS ŒUFS

LE ZESTE RÂPÉ D'UN CITRON

1 PINCÉE DE SEL

POUR LE MÉLANGE N° 3 :

400 G DE FARINE BLANCHE

150 G DE FARINE COMPLÈTE

2 SACHETS DE LEVURE CHIMIQUE

1,5 C. À C. DE CARDAMOME ET 2 C. À

C. DE QUATRE-ÉPICES ET DE GRAINES

DE PAVOT MÉLANGÉS

✳ Mélangez dans un grand saladier les ingrédients de la préparation n° 1 et laissez reposer pendant 1 h.

✳ Réunissez les ingrédients de la préparation n° 2 dans le bol d'un robot muni de pales, et pétrissez pendant 5 min.

✳ Réunissez les ingrédients de la préparation n° 3 dans un saladier et mélangez.

✳ Préchauffez le four à 160 °C (th. 3/4). Tapissez la plaque du four de papier sulfurisé.

✳ Incorporez rapidement la moitié du mélange n° 3 dans le mélange n° 2. Incorporez ensuite le reste du mélange n° 3 dans le mélange n° 1, puis réunissez les deux préparations et mélangez encore. Avec vos mains farinées, façonnez deux pains longs et posez-les sur la plaque du four.

✳ Faites-les cuire de 1 h à 1 h 10. Dégustez-les froids, poudrés de sucre glace. Ces gâteaux seront encore meilleurs le lendemain ou les jours suivants.

✳ Emballés, ils se conserveront au frais pendant 15 jours. N'hésitez pas à en préparer éventuellement quatre ou davantage, et cachez-les…

✳ On peut choisir d'autres épices pour le mélange n° 3, par exemple le gingembre, la cannelle et la vanille en poudre.

GÂTEAU DE CAROTTES AUX NOIX

＊Pelez et râpez les carottes. Préchauffez le four à 200 °C (th. 5/6). Beurrez et farinez deux moules à manqué ou à brioche.

＊Mélangez au fouet dans un grand saladier les œufs, le sucre, l'huile et le sel. Incorporez la cannelle, la levure et la farine à ce mélange, puis ajoutez les carottes, les noix hachées et les raisins.

＊Répartissez la pâte dans les 2 moules, et faites cuire dans le four pendant 50 à 55 min. Démoulez les gâteaux tièdes, et décorez-les éventuellement de cerneaux de noix caramélisés.

＊Vous pouvez conserver ces gâteaux emballés pendant 4 à 5 jours dans le réfrigérateur.

**POUR 2 MOULES
DE 1,5 L CHACUN**

PRÉPARATION : 20 min

CUISSON : 55 min

600 G DE CAROTTES

200 G DE FARINE BLANCHE

200 G DE FARINE SEMI-COMPLÈTE

40 CL D'HUILE DE SOJA

400 G DE SUCRE

1 C. À C. DE SEL

4 ŒUFS

1 C. À S. DE CANNELLE

2 SACHETS DE LEVURE CHIMIQUE

40 G DE RAISINS SECS BLONDS

MACÉRÉS AU RHUM

50 G DE CERNEAUX DE NOIX

HACHÉS

CERNEAUX DE NOIX CARAMÉLISÉS

(FACULTATIF ; VOIR P. 172)

BEURRE ET FARINE POUR

LES MOULES

GÂTEAU
DE COURGETTES JAUNES

POUR 2 MOULES

PRÉPARATION : 20 min

CUISSON : 55 min

800 G DE PETITES
COURGETTES JAUNES

300 G DE FARINE

1 SACHET DE LEVURE
CHIMIQUE

1 C. À C. BOMBÉE DE
BICARBONATE DE SOUDE

175 G DE BEURRE RAMOLLI

350 G DE SUCRE

2 C. À S. D'ANIS EN GRAINS

3 GROS ŒUFS

1 C. À S. DE GINGEMBRE
FRAIS RÂPÉ

15 CL DE CRÈME LIQUIDE

✳ Préchauffez le four à 180 °C (th. 4/5). Chemisez deux moules de 1,5 l de contenance de papier cuisson. Lavez les courgettes mais ne les pelez pas, râpez-les dans une terrine. Si elles rendent beaucoup d'eau, ajoutez un peu de lait en poudre dans la pâte pour l'épaissir.

✳ Mélangez dans une jatte la farine, la levure et le bicarbonate. Dans un grand saladier, battez le mélange beurre et sucre en mousse. Ajoutez l'anis et les œufs, puis les courgettes, le gingembre, la crème et enfin la farine, en plusieurs fois. La pâte obtenue doit être semi-liquide.

✳ Répartissez-la dans les moules et faites cuire les gâteaux pendant 55 min. Ils doivent être dorés et croustillants à l'extérieur. Laissez-les tiédir avant de les démouler.

✳ Ce gâteau est délicieux au goûter, au petit déjeuner ou au dessert, avec un coulis de fruits ou une sauce à la vanille.

✳ Le bicarbonate de soude se trouve en pharmacie. Il est souvent employé dans les recettes américaines.

✳ Ce gâteau se conserve très bien pendant une semaine au réfrigérateur : n'hésitez surtout pas à en préparer deux d'un coup.

LA RHUBARBE

■ On apprécie la rhubarbe dans toutes les contrées au climat frais et pluvieux.

■ Autant dire qu'un pot de confiture de rhubarbe dans le Midi fait figure de spécialité exotique. Cette belle plante ornementale vient d'Extrême-Orient, et ses racines se vendaient jadis plus cher que le poivre ou le clou de girofle. Elle fit rapidement son apparition dans les jardins de plantes médicinales. Honneur aux Anglais, qui l'ont cuisinée les premiers !

■ De fin mai jusqu'à l'automne, elle produit ses grands pétioles plus ou moins rouges, que l'on cueille au fur et à mesure qu'ils grossissent. Rappelons qu'elle appartient à la famille des polygonées, comme l'oseille : ses feuilles contiennent de l'acide oxalique, ce qui interdit de les manger.

Cuisinez la rhubarbe sans attendre, car elle ramollit vite. Pour ma part, je pèle les pétioles, je les coupe en petits tronçons et je les congèle crus si la récolte est très abondante.

GÂTEAU ÉPICÉ
À LA RHUBARBE

❋ Préchauffez le four à 180 °C (th. 4/5). Beurrez un moule à manqué.

❋ Mettez le beurre ramolli dans une terrine avec les sucres, fouettez le mélange pendant 1 min, puis incorporez l'œuf entier. Par ailleurs, mélangez la farine avec le bicarbonate de soude et le quatre-épices. Incorporez-en la moitié au mélange précédent en fouettant, puis ajoutez un yaourt, le reste de farine, et enfin le second yaourt. Mélangez jusqu'à consistance bien lisse.

❋ Coupez les côtes de rhubarbe en petits tronçons et ajoutez-les dans la pâte. Versez le tout dans le moule beurré et faites cuire dans le four pendant 40 min.

❋ Démoulez et servez froid, avec un coulis de fruits rouges. Si vous utilisez des tronçons de rhubarbe congelés, prolongez la cuisson du gâteau de 10 min. Vous pouvez le conserver dans son moule, au frais, pendant 3 à 4 jours.

POUR 8 PERSONNES

PRÉPARATION : 15 min

CUISSON : 40 min

300 G DE CÔTES DE
RHUBARBE ÉPLUCHÉES

300 G DE FARINE

100 G DE SUCRE ROUX

150 G DE SUCRE VANILLÉ

100 G DE BEURRE RAMOLLI

1 ŒUF

2 YAOURTS NATURE

2 C. À C. DE BICARBONATE DE
SOUDE

1 C. À S. DE QUATRE-ÉPICES
(VOIR P. 92)

BEURRE POUR LE MOULE

LA CERISE

■ Les cerisiers doux produisent le bigarreau et la guigne, le cerisier acide, ou griottier, produit la griotte, transparente et fine, la montmorency ainsi que la cerise anglaise. Riches en sucre, les bigarreaux sont plus caloriques que les cerises anglaises. Toutes les cerises contiennent du potassium ainsi que des vitamines A et B.

■ Même si nous sommes attirés par les pyramides de fruits en vrac, nous avons intérêt à les acheter en barquettes transparentes. Finies les cerises écrasées et bonjour l'hygiène ! Beaucoup de producteurs les conditionnent ainsi directement au pied des arbres, à l'aide de calibreuses et de tables de triage. Les cerises n'aiment pas les chocs thermiques, elles préfèrent être gardées au frais avant de passer à table. Pour conserver des cerises, congelez-les sans la queue, entières ou coupées en deux pour les plus grosses. Faites-les ensuite cuire sans décongélation préalable.

■ En ce qui concerne la liqueur de cerise, remercions les religieuses d'Angers qui nous ont distillé le guignolet. Les Anglais, eux, boivent le cherry brandy, qu'ils ont inventé un jour en dégustant notre cognac tout en grignotant leurs guignes noires et leurs griottes acidulées. Ne confondez pas le cherry et le sherry, que sa Gracieuse Majesté aime à boire parfois. Il s'agit du vin de Xérès, élaboré en Andalousie par des Anglais.

C'est le guignolet des religieuses d'Angers qui m'a donné l'envie de créer la madeleine dodue aux cerises. Comme elles, vous pouvez mélanger la guigne et la griotte. En prenant des cerises surgelées dénoyautées, vous gagnerez 10 min.

MADELEINE DODUE
AUX CERISES

* Faites fondre le beurre et le miel au bain-marie ou dans un four à micro-ondes.

* Fouettez les œufs dans un saladier avec le sucre pendant 3 min. Tamisez la farine et la levure (ou le bicarbonate) au-dessus du saladier. Mélangez-les avec une spatule souple, puis ajoutez le beurre et le miel fondus, ainsi que le guignolet. Laissez la pâte reposer au frais pendant 12 h.

* Préchauffez le four à 200 °C (th. 5/6). Beurrez un moule à savarin (ou un moule côtelé) et parsemez-le d'amandes effilées. Versez la préparation dedans. Poudrez légèrement les cerises de farine et répartissez-les sur la pâte : elles s'enfonceront toutes seules pendant la cuisson. Faites cuire pendant 30 à 35 min. Si la coloration est trop rapide, couvrez la madeleine de papier d'aluminium.

* Pour démouler, passez une spatule entre les bords du moule et le gâteau. Servez la madeleine avec une soupe de cerises (voir page 68).

* Vous pouvez garder ce gâteau au frais, emballé dans un film plastique, pendant quelques jours : il deviendra de plus en plus moelleux.

POUR 6 PERSONNES

PRÉPARATION : 10 min

CUISSON : 30 à 35 min

REPOS : 12 h

200 G DE CERISES FRAÎCHES
OU SURGELÉES, DÉNOYAUTÉES

3 GROS ŒUFS

125 G DE SUCRE SEMOULE

150 G DE FARINE

125 G DE BEURRE

1 C. À S. DE MIEL

1/2 SACHET DE LEVURE
CHIMIQUE OU 1 C. À C. DE
BICARBONATE DE SOUDE

2 C. À S. DE GUIGNOLET

QUELQUES AMANDES EFFILÉES

BEURRE ET FARINE POUR
LE MOULE

Gratins fruités

CRUMBLE AUX POMMES

POUR 8 PERSONNES

PRÉPARATION : 15 min

CUISSON : 40 min

1,5 KG DE COMPOTE DE

POMMES ACIDULÉES

125 G D'AMANDES EN POUDRE

125 G DE FARINE

125 G DE SUCRE EN POUDRE

125 G DE BEURRE RAMOLLI

POUR LE PLAT, GARNITURE

COMPLÉMENTAIRE AU CHOIX :

50 G DE RAISINS SECS,

1 BANANE COUPÉE EN

RONDELLES,

DE LA CONFITURE,

DE LA COMPOTE DE

RHUBARBE,

DES FRUITS ROUGES,

DE LA GELÉE DE COING,

DE LA CANNELLE EN POUDRE…

✳ Préchauffez le four à 220 °C (th. 6/7). Beurrez un ou deux plats à gratin, selon leur taille.

✳ Mélangez grossièrement dans un saladier, avec une cuiller en bois, les amandes, la farine, le sucre et le beurre. Le mélange doit avoir une consistance sablée et granuleuse.

✳ Répartissez la compote de pommes dans le ou les plats, ajoutez les ingrédients de votre choix, puis recouvrez le tout avec la préparation sablée.

✳ Faites cuire dans le four pendant 35 à 40 min, jusqu'à ce que le crumble se colore.

✳ À déguster encore tiède. Papa, la crème fraîche est presque superflue !

LA POMME

■ Où peut-on trouver les Mordus de la pomme aujourd'hui ? Ils ont planté leur stand à la fête du pain, à Plédéliac, et l'on peut y aller identifier les vieux pommiers et poiriers. Anne emporte dans son panier quelques beaux échantillons de fruits. Les Mordus ont confectionné une quarantaine de petits nids en paille et ils couvent des yeux leurs pommes, bien présentées par variétés. D'un œil expert, ils identifient les fruits, un peu déçus de ne pas trouver la poire mouille-bouche qu'ils recherchent dans tous les cantons bretons. Rendez-vous est pris pour un cours de taille des arbres. Faites comme Anne, inscrivez-vous à cette association haute en couleurs, Les Mordus de la pomme, chez madame Blanchet, chemin des Roses, à Quévert (22100).

■ Autrefois, les pommes étaient véreuses. Je me souviens, en Normandie, avoir sauvé une hirondelle blessée en la nourrissant de vers trouvés dans les pommes du verger de ma grand-mère. Après la guerre de 1940, les pommiers ont reçu pendant trente ans jusqu'à vingt traitements chimiques par an ! Finalement, les arboriculteurs et les scientifiques ont abouti à une impasse. Aujourd'hui, les nouvelles techniques de protection des arbres sont respectueuses de l'environnement et demandent aux arboriculteurs de regarder leurs arbres de très près pour prévenir l'arrivée des maladies et des parasites. Les chercheurs mettent en place aide et formation pour parvenir au résidu de traitement zéro, un objectif à long terme. Espérons qu'ils l'atteindront, pour la santé de nos enfants.

■ La pomme, je le rappelle, est un fruit d'automne et d'hiver. Les premières reines des reinettes, un rien acidulées, arrivent sur le marché après la mi-août. Les pommes que l'on achète avant cette date sont importées de l'hémisphère sud ou sont produites en France et conservées sous atmosphère contrôlée. Je suis pour le progrès, mais j'ai le droit de savoir si la pomme que j'achète a passé quatre à cinq mois dans une chambre froide car, dans ce cas, elle a perdu une bonne partie de sa saveur et de ses qualités nutritives. Outre sa vaste palette de minéraux et de vitamines du groupe B, ce fruit contient aussi de la vitamine C, de la provitamine A, des pectines et des fibres réputées contre l'hypercholestérolémie.

À chacun sa pomme, mais sachez que toutes sont meilleures de fin août à février, et qu'il convient de les laver et de les brosser si vous voulez les croquer avec la peau.

■ Quant aux variétés, qui se comptent par centaines, Marie-France Tarbouriech m'en a présentées quelques-unes, conservées au domaine de Charance près de Gap, telles la pomme de Risoul ou la pointue de Trescléoux, qui se conservaient au fruitier jusqu'en mars. Elle m'a surtout expliqué que chaque pomme avait son terroir, et que les golden pouvaient être délicieuses. Il suffit de goûter celles qui poussent à 900 mètres d'altitude, par exemple à la Freissinouse, dans les Hautes-Alpes. Chacun de ces fruits, sucré et acidulé, est un concentré de minéraux et de vitamines. Si vous en trouvez, ne vous étonnez pas qu'elles soient de petite taille, même cueillies bien mûres, car elles ont une période de végétation plus courte, reçoivent plus de lumière et bénéficient de températures plus basses dès fin août.
■ Suivez les recettes de gelée et de purée de coing pour utiliser des pommes difformes, difficiles à éplucher.

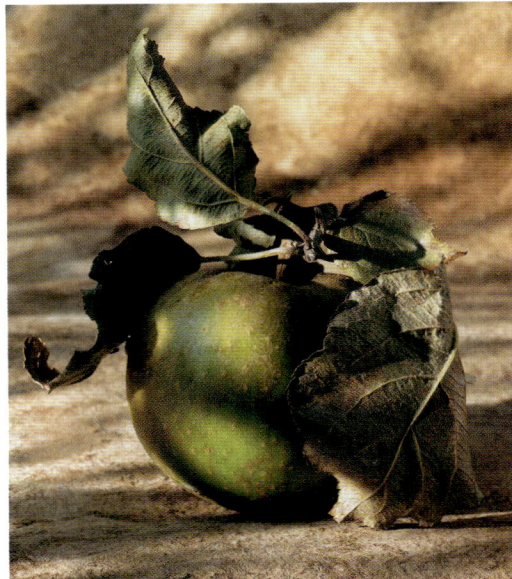

GRATIN D'ABRICOTS

POUR 6 PERSONNES

PRÉPARATION : 30 min

CUISSON : 15 min

12 ABRICOTS BIEN FERMES

15 G DE BEURRE

2 C. À S. D'HUILE DE PÉPINS
DE RAISIN

20 CL DE CRÈME FRAÎCHE

60 G DE SUCRE

4 JAUNES D'ŒUFS

25 G DE PIGNONS DE PIN
GRILLÉS

HUILE ET SUCRE POUR
LE MOULE

*Si vous craignez
de laisser bouillir la
crème aux jaunes
d'œufs, ajoutez avec
le sucre 1 c. à c.
de fécule de maïs.*

* Coupez les abricots en deux. Faites chauffer l'huile et le beurre dans une poêle. Mettez à dorer les demi-abricots dedans, du côté bombé, puis retournez-les et faites-les cuire pendant encore 2 min. Ils doivent rester fermes.

* Huilez un plat à gratin et poudrez-le avec 1 c. à s. de sucre. Rangez les oreillons d'abricots dedans, côté bombé vers le haut.

* Portez à ébullition la crème dans la poêle avec le jus de cuisson des abricots. Par ailleurs, fouettez les jaunes d'œufs dans une terrine avec le sucre. Lorsque le mélange blanchit, incorporez la crème en fouettant, puis versez le tout dans la poêle et faites chauffer doucement sans laisser bouillir, pendant environ 5 min, en fouettant sans arrêt.

* Dès que la crème épaissit, retirez-la du feu, fouettez-la durant encore quelques secondes, puis versez-la sur les abricots.

* Répartissez les pignons de pin sur le dessus, passez le plat sous le gril du four pendant 2 min, juste pour le faire dorer. Ce gratin est délicieux avec des tuiles au miel, que l'on peut parfumer à la lavande (voir page 92).

* Vous pouvez préparer les oreillons et la crème à l'avance : au dernier moment, passez le gratin sous le gril.

L'ABRICOT

■ Quelques mètres seulement séparaient les deux marchands. Le premier déversait sur la table une centaine de kilos d'abricots au prix et à l'allure prometteurs. Chez le second, les abricots reposaient dans des petits paniers en bois, ils avaient quelques défauts, et l'étiquette annonçait un prix deux fois plus élevé.

■ Je touchai les premiers : durs et froids. Je tâtai les seconds : moelleux et tièdes. J'engageai alors la conversation avec ce vrai producteur, qui me tendit un oreillon. Après l'avoir goûté, je lui conseillai de préciser sur son écriteau : « Abricot rouge du Roussillon cueilli mûr à point », et d'en parler. Les bons produits ont eux aussi besoin de communication !

■ La robe de l'abricot est en général flatteuse, et l'on saute par gourmandise sur ce bonbon ensoleillé. Avec un peu de chance, il est juteux et sucré, mais parfois il est acide. Vous pouvez laisser l'abricot mûrir deux à trois jours à température ambiante. Au froid, il se dessèche et se ride. S'il est cotonneux ou trop ferme, faites-le pocher dans un sirop de sucre parfumé (comptez 15 centilitres d'eau de source, 150 grammes de sucre roux, 5 feuilles de menthe et 2 branches de basilic à petites feuilles pour 800 grammes d'oreillons).

■ La forte teneur en carotène de l'abricot le colore d'un bel oranger et, quand il est consommé mûr à point, sa richesse en vitamine C, oligoéléments, fibres et minéraux fait de lui le « fruit santé » de l'été. Les abricots s'accommodent de toutes les cuissons, les salées comme les sucrés. Vous pouvez aussi les réduire en coulis sucré pour préparer des sorbets en hiver. L'abricot est un fruit relativement cher, c'est pourquoi j'attends les périodes de forte production pour acheter des cageots entiers d'orangés de Provence, non calibrés mais très juteux, et faire mes confitures. L'abricot sec est idéal pour les fringales : j'en ai toujours en voiture ou dans le sac à dos. Choisissez-le assez gros et moelleux. Il est malheureusement souvent séché au dioxyde de soufre, ce qui lui conserve sa couleur orange. Les abricots séchés, importés des États-Unis, sont plus sains. Les abricots séchés biologiques, couleur caramel, sont encore meilleurs pour la santé, mais il leur manque une petite pointe d'acidité.

Ouvrez vos abricots en deux, dénoyautez-les et faites-les congeler à plat, puis rangez-les dans des sachets ou dans des boîtes, et consommez-les dans les trois mois.

L'ANIS ET LA BADIANE

■ Sur un petit aérodrome privé dont je tairai le nom, un pilote nous expliquait qu'il ne pouvait pas décoller à cause du brouillard. Et de conclure : « Horizon pas net, retour à la buvette ! » Les boissons anisées consolent le pilote cloué au sol.

■ L'anis est la semence d'une ombellifère et la badiane est celle du badanier − gros arbuste parent du magnolia −, mais c'est entre eux bonnet blanc et blanc bonnet. Vous les utiliserez tous deux indifféremment pour parfumer des sablés et des pains d'épice, une glace ou une anisette maison... à consommer avec modération. Dans le cas de la badiane, il faut d'abord concasser le fruit en forme d'étoile à huit branches pour libérer l'arôme des graines. Elle entre dans la composition du cinq-parfums chinois. Anis et badiane se prêtent b en aux marinades et à la cuisson des poissons ou des moules.

FIGUES FOURRÉES AUX RAISINS

POUR 4 PERSONNES

PRÉPARATION : 5 min

CUISSON : 40 min

12 FIGUES MOYENNES

12 GRAINS DE RAISIN MUSCAT

25 CL DE JUS DE RAISIN NOIR

50 G DE SUCRE ROUX

2 C. À S. D'HUILE DE PÉPINS

DE RAISIN

* Préchauffez le four à 200 °C (th. 5/6). Lavez les figues et les grains de raisin. Incisez chaque figue sur le côté et glissez un grain de raisin à l'intérieur, puis refermez-les.

* Huilez un plat allant dans le four et rangez les figues dedans, serrées les unes contre les autres, côté fendu sur le dessus. Arrosez de jus de raisin et poudrez de sucre.

* Faites cuire pendant 30 à 40 min ; le jus est alors devenu sirupeux. Servez chaud ou tiède, avec des tuiles au miel d'acacia (voir page 92) dont vous aurez remplacé les amandes par des grains de sésame.

* Vous pouvez préparer ce dessert très simple à l'avance et le garder au frais pendant 2 jours. Dans ce cas, faites-le tiédir à la dernière minute.

* Si vous supprimez le sucre, ce dessert devient une merveilleuse garniture pour un magret de canard.

LE RAISIN DE TABLE

■ Octobre est le mois des vendanges. Il faut se faire plaisir et aller boire le jus de la treille, ce que nous avons fait au château Meyre. Ce « bourru » grenat, fraîchement pressé, avait un net goût de framboise. Il fermente très vite : au bout de deux à trois jours, il est pétillant. Ensuite, tout au long de sa lente transformation, il ne sera plus goûté que par les hommes de l'art. Le *thompson seedless* fait grincer les dents des chercheurs français. C'est un raisin de table créé au Chili et importé en France. Il est apyrène, c'est-à-dire presque sans pépins : mais cette variété d'avenir en est encore chez nous au stade expérimental.

■ Il faut savoir que le raisin de table et le raisin de cuve pour la viticulture étaient soumis à la même législation. À une époque, on a arraché la vigne, abandonné la recherche et les efforts de sélection, ouvrant ainsi la porte au raisin d'Italie. L'*italia* est le raisin de table le plus vendu en France, mais ce n'est pas le meilleur, et de bonnes variétés sont délaissées. On s'oriente plutôt vers des raisins de terroir haut de gamme, comme le chasselas doré de Moissac (A.O.C.) ou, pour les raisins noirs, le muscat du Ventoux et l'alphonse lavallée du Lubéron.

■ Les grains du chasselas jaune d'or sont petits et fragiles, ce qui est synonyme de délicatesse et de légèreté. Il est difficile d'emporter une grappe pour en grignoter les grains. Le muscat en revanche possède des grains assez gros, croquants et juteux, qui se détachent facilement. Avec 20 % de glucose et de fructose, le raisin est très nutritif ; il est riche en potassium et autres sels minéraux. L'activité de la vitamine C est renforcée par des pigments, surtout dans le raisin noir, mais il vaut mieux le laver à cause des résidus de traitement.

■ La récolte du raisin de table s'échelonne entre juillet-août et novembre. Si la grappe est vendue avec sa rafle, on peut la suspendre sur un support à saucisson ou à un chandelier pour la conserver. Les grappes de raisin se gardent plutôt au réfrigérateur, dans une boîte hermétique. Sortez-les une heure avant le repas, sectionnez-les en bouquet et éliminez les grains abîmés.

Tout petits et tout fripés, les raisins secs n'en donnent pas moins une touche personnelle aux plats salés ou aux gâteaux. Très énergétiques, ils sont parfaits en cas de fringale.

GÂTEAU SOUFFLÉ DE PATATES DOUCES

* Lavez et coupez les patates douces en deux ou trois morceaux, puis faites-les cuire à la vapeur pendant 20 min. Épluchez-les et passez-les au moulin à légumes, en ajoutant un peu de lait si elles sont farineuses. Incorporez le beurre, le rhum et les épices. Cette purée peut se faire la veille.

* Préchauffez le four à 200 °C (th. 5/6). Beurrez un moule à soufflé de 2 l de contenance.

* Séparez les blancs des jaunes d'œufs. Incorporez à la purée les jaunes et la levure. Fouettez les blancs en neige en ajoutant le sucre vers la fin, lorsqu'ils commencent à blanchir. Incorporez une partie des blancs en neige aux patates douces, puis ajoutez le reste. Faites cuire la préparation dans le moule pendant 1 h.

* Ce gâteau se sert de préférence tout chaud, soufflé, à la sortie du four. Chauffez 8 c. à s. de rhum dans une petite casserole, approchez une allumette pour le faire flamber et versez-le sur le gâteau devant les convives.

POUR 8 PERSONNES

PRÉPARATION : 30 min

CUISSON : 1 h

600 G DE PATATES DOUCES DE MALAGA

40 G DE BEURRE

2 C. À S. DE RHUM AMBRÉ

3 ŒUFS

1/2 SACHET DE LEVURE CHIMIQUE

3 C. À C. DE CINQ-PARFUMS CHINOIS (VOIR P. 100)

2 C. À S. DE SUCRE SEMOULE

10 CL DE LAIT (FACULTATIF)

BEURRE POUR LE MOULE

RHUM POUR FLAMBER

POIRES AU THÉ CARAMÉLISÉES

POUR 6 PERSONNES

PRÉPARATION : 20 min

CUISSON : 30 min

1 KG DE POIRES À CHAIR
FERME (LOUISE-BONNE
EN HIVER,
PAR EXEMPLE)

30 CL DE THÉ FORT (CEYLAN
OU INDE, OU MÉLANGE)

3 CLOUS DE GIROFLE

60 G DE MIEL LIQUIDE BLOND

✳ Pelez les poires. Si elles sont grosses, coupez-les en deux ou en quatre dans la longueur, puis rangez-les dans une casserole. Versez le thé par-dessus, ajoutez les clous de girofle et le miel. Faites pocher les poires pendant 10 à 15 min selon leur fermeté. Sortez-les avec une écumoire et égouttez-les.

✳ Faites réduire la cuisson pendant encore 15 min afin d'obtenir un sirop ; si vous souhaitez le faire réduire au caramel liquide, poursuivez la cuisson, en surveillant, jusqu'à ce que le sirop épaississe et prenne une couleur plus soutenue.

✳ Disposez les poires en rosace dans un plat de service chauffé. Arrosez de caramel et servez bien chaud, avec des biscuits épicés.

✳ Le caramel et les poires peuvent attendre pendant 2 à 3 h ; il suffira de les faire réchauffer et de les réunir au moment de servir.

LA POIRE

■ La poire, princesse délicate, est un fruit de roi. Les premières poires guyot de l'été arrivent en vrac dans des caisses : soit elles sont dures comme du bois, soit elles finiront blettes dans un compotier. Les arboriculteurs ne peuvent pas compter sur ce seul fruit fragile pour assurer leurs revenus, d'autant plus que nous lui en préférons d'autres. Cela pourrait changer si la date de récolte figurait sur les étiquettes et si l'on nous donnait quelques conseils de conservation. Le fruit est bon à croquer lorsqu'il y a, paraît-il, un changement de teinte de la peau, tandis que son parfum se développe. Mais ce stade est différent pour chaque variété. Ouvrez bien vos yeux et vos narines, et gardez vos poires sans les superposer, à portée de main pour pouvoir les tâter !

■ Poires d'été, d'automne ou d'hiver, poires à couteau ou poires à cuire, toutes se cuisinent en sucré et en salé. Mais c'est un fruit délicat, qui s'oxyde rapidement une fois qu'il est pelé et coupé : arrosez-le de jus de citron et mélangez-le avec d'autres fruits, au plus une demi-heure avant de servir car il ramollit.

■ Contrairement aux pommes, les variétés de poires sont bien définies. Aux williams et beurré hardy succèdent, pendant les mois d'hiver, la doyenné du Comice et la conférence, puis la passe-crassane nous amène au printemps.

Dans le Potager du Roy, à Versailles, on peut voir des poiriers anciens dont l'excroissance à la base du tronc rappelle qu'ils ont été greffés sur des cognassiers, arbres dont le système racinaire est mieux développé.

LE THÉ

■ Cérémonie du thé : Olivier Scala, tel un prestidigitateur, sort de sa malle une douzaine de petits pots en porcelaine de Gien, et autant de variétés de thés.

■ Sa famille sélectionne les thés Cannon depuis quatre générations, et Olivier Scala a hérité de tout le savoir-faire de son père. Il continue de créer des mélanges spécifiques pour chaque client. Il dépose la mesure d'un penny, soit 2,7 grammes, de feuilles dans chaque pot et verse dessus l'eau de source chauffée – mais non bouillie – avant de les couvrir. Nous attendons religieusement pendant 5 minutes et le regardons verser avec précaution chaque infusion de thé dans les tasses, pour enfin les déguster. Avant cette réunion, dans son appartement du Pré Catelan, Colette avait donné quelques indications sur la composition du mélange Lenôtre, dont elle voulait accentuer la touche de citron vert et d'orange amère. Gaston, lui, restait fidèle au Yunnan, thé de Chine non fumé. Le cérémonial, à la fois précieux et décontracté, convenait bien à cette petite maison de poupée aménagée par maman. Certains clients fidèles y venaient le temps d'un repas, ou simplement pour une tasse de thé. Ce jour-là, nous avons élargi notre gamme de thés à la Chine, avec le sichuan, et à l'Inde, avec l'assam. Au Japon, les amateurs préfèrent le thé Lenôtre à la pomme.

LA BANANE

J'utilise les feuilles de bananier pour des cuissons en papillote ou pour façonner des bols qui présenteront les aliments.

■ Je sais que le bananier n'est pas un arbre. C'est une gigantesque plante verte dont les feuilles s'enroulent sur elles-mêmes, formant une tige suffisamment forte pour supporter un seul et unique régime de deux cents à trois cents bananes. Mais je vous suggère d'aller voir, comme je l'ai fait, cet épi de fleurs rouges s'ouvrir, courbé vers le sol, et les « mains » de bananes se redresser vers le ciel. Il me restait à comprendre pourquoi je ne voyais jamais de fruits jaunes sur le bananier. Un matin, je vis une petite fille thaïe s'approcher d'un bananier à l'écorce soyeuse. Soulevant une large feuille, elle découvrit le régime coupé, posé au pied du bananier. Les bananes mûres attendaient sous ce garde-manger. Son père m'expliqua qu'on détachait le régime encore vert d'un coup de machette pour le faire mûrir au sol car, sur l'arbre, il pourrirait. Je peux vous assurer que nous avons regretté de ne pas pouvoir emporter dans nos sacs à dos quelques régimes de ces petites bananes dont la chair était presque aussi juteuse qu'une mangue.

■ Ailleurs, le marché mondial de la banane est le théâtre de batailles homériques, et les multinationales américaines diffusent jusqu'à cent messages publicitaires par campagne télévisée, messages qui ne nous apprennent rien sur la qualité du fruit en question. La France est liée historiquement à l'Afrique, qui l'approvisionne jusqu'en février, puis ce sont les Antilles qui prennent la relève.

■ La banane jaune se conserve dans un compotier, à température ambiante car elle ne supporte ni le froid ni les écarts de température. Très riche en sucre quand elle est mûre, c'est un aliment de croissance, à conseiller également en cas de petite fringale car, protégée par sa peau, elle est facile à transporter. Elle renferme neuf vitamines (dont la vitamine A), du potassium et des glucides faciles à assimiler. La banane naine, ou frécinette antillaise, que l'on appelle aussi « demoiselle » aux Philippines ou en Afrique, est très moelleuse ; elle se présente en mini régimes, parfaits pour un décor de table. La banane rose est plus sèche, avec une chair rose pâle. Elle convient bien pour les cuissons à la poêle. La banane se déguste crue ou cuite, salée, épicée ou sucrée. Sous les tropiques, on fait rôtir des bananes sur des braseros chauffés au charbon de bois ; elles sont ensuite aplaties dans une forme en bois, puis trempées dans un mélange de sucre de canne et de noix de coco caramélisé. Essayez donc cette recette sur un barbecue dès les premiers rayons de soleil.

BANANES FLAMBÉES
AUX KUMQUATS

* Ébouillantez les kumquats pendant 5 min. Pendant ce temps, faites fondre le sucre dans une autre casserole, dans l'eau de source. Égouttez les kumquats, mettez-les dans le sirop et faites-les cuire sur feu très doux pendant 1 h. Sortez-les avec une écumoire, coupez-les en deux et retirez les pépins, puis remettez-les dans le sirop.

* Faites chauffer un plat de service dans le four. Épluchez les bananes et coupez-les en deux dans la longueur. Dans une grande poêle, faites chauffer le beurre avec le zeste d'orange, et disposez les demi-bananes en les posant sur le côté arrondi. Saisissez-les pendant 2 min sur feu vif, retournez-les sans les briser, puis ajoutez les kumquats avec leur sirop. Faites chauffer le tout et transvasez la préparation dans le plat de service brûlant.

* Faites bouillir le rhum dans une jolie petite casserole. Versez-le sur les bananes, devant les convives, et frottez une allumette. Servez les bananes enflammées.

POUR 6 PERSONNES

PRÉPARATION : 10 min

CUISSON : 1 h 10

10 CL D'EAU DE SOURCE

6 BANANES ROSES

1 PETIT VERRE DE RHUM BLANC

40 G DE BEURRE

1 ZESTE D'ORANGE RÂPÉ

12 KUMQUATS

50 G DE SUCRE SEMOULE

Mousses, crèmes et flans

LA FRAISE

■ La fraise est un fruit fragile.

■ Il y a quinze ans, à Montfavet, Georgette Risser, chercheur, mettait au point la gariguette, fraise précoce, à la fois ferme, de bonne conservation et assez savoureuse. Mais sa qualité décline. D'autres variétés apparaissent début juin : rares sont celles qui sont aussi bonnes que la mara des bois. Cependant, les consommateurs ont des envies de fraises en mars ! Alors on les importe massivement du Maroc et d'Espagne, dès le début du mois de décembre, et elles sont dures et sans parfum... En revanche, en septembre et en octobre, les remontantes françaises du Périgord, sucrées et parfumées sont boudées. Ne dites pas qu'il n'y a plus de bonnes fraises, mangez plutôt les bonnes variétés au bon moment ! Préférez les fruits vendus en barquettes cristal. Choisissez-les bien rouges, sans collet blanc (les fraises ne mûrissent plus après la cueillette). Évitez les changements de température, triez-les le jour de l'achat et gardez-les au frais. En général, les fraises achetées sur le marché n'ont pas besoin d'être lavées, car les producteurs intercalent de la paille ou un film plastique entre les plants et la terre. La fraise perd beaucoup à la cuisson, sauf en confiture. Préférez les apprêts froids, les sorbets ou les glaces.

■ Rafraîchissante, très peu calorique et stimulante grâce à sa vitamine C, la fraise est en général bien supportée et même recommandée dans les régimes. En cas d'allergie, goûtez-en une au début du repas pour éviter tout problème.

■ Pour congeler des fraises, lavez-les rapidement sous l'eau courante, équeutez-les et passez-les au mixer pour les réduire en purée, en rajoutant 10 % de leur poids en sucre.

Voici une bonne idée du pays de Caux, à servir avec une brioche au beurre. Remplissez un bocal d'un litre avec des fraises coupées en deux ou en quatre, ajoutez une cuillerée à soupe de vinaigre de cidre et deux cuillerées à soupe de sucre semoule ; bouchez et laissez macérer au frais toute la journée, en retournant le bocal une ou deux fois.

MOUSSE DE FRUIT ROUGE

* Mettez la crème au réfrigérateur dans le bol où elle sera fouettée. Beurrez un moule à soufflé de 16 cm de diamètre à l'aide d'un pinceau, puis poudrez-le de sucre semoule. Faites ramollir la gélatine dans un bol d'eau froide. Mixez les fraises ou les framboises. Fouettez la crème en mousse.

* Égouttez la gélatine et faites-la fondre dans 2 c. à s. de purée de fruits chauffée. Mélangez-la dans un grand saladier au reste des fruits en purée, puis incorporez la crème fouettée.

* Fouettez les blancs d'œufs en neige. Quand ils sont mousseux, ajoutez 80 g de sucre, cuillerée par cuillerée. Incorporez le tiers des blancs bien montés en neige à la purée de fruits avec une spatule, puis le reste des blancs, délicatement, en deux fois. Versez cette mousse dans le moule et mettez au réfrigérateur pendant au moins 3 h.

* Trempez le fond du moule dans de l'eau chaude pendant 10 s, essuyez-le, recouvrez avec le plat de service, puis retournez le tout pour démouler la mousse (ou servez à la cuiller). Garnissez le dessus de fruits rouges et nappez d'un coulis de pêches, réalisé avec la pulpe des fruits broyée avec le sucre et le jus de citron.

POUR 6 PERSONNES

PRÉPARATION : 20 min

REFROIDISSEMENT : 3 h

250 G DE FRAMBOISES
OU DE FRAISES NETTOYÉES
10 CL DE CRÈME LIQUIDE
4 OU 5 BLANCS D'ŒUFS
 (180 G)
100 G DE SUCRE SEMOULE
4 FEUILLES DE GÉLATINE
BEURRE POMMADE POUR
LE MOULE

POUR LE DÉCOR :

200 G DE FRUITS ROUGES

POUR LE COULIS :

200 G DE PULPE DE PÊCHES
100 G DE SUCRE SEMOULE
1 C. À. S. DE JUS DE CITRON

L'AIRELLE

■ Sur son arbuste, les fruits vermillon de l'airelle rouge ressortent sur les petites feuilles arrondies et luisantes. Ils sont acides, et on les consomme toujours cuits. Dans les pays nordiques, on apprécie les airelles appelées *canneberges* au Canada et *cranberries* aux États-Unis. Vendues en sachets de Cellophane, les airelles prennent très vite en gelée : une cuisson de 7 min suffit pour obtenir une gelée ferme. Si vous faites refroidir cette gelée dans des petites tasses, elle se démoulera facilement. Vous pourrez ainsi décorer un gâteau de semoule ou une crème glacée, et profiter de la richesse en vitamine C de ces baies.

■ La surgélation industrielle des fruits rouges, qui est aujourd'hui bien au point, les amène à très basse température en un temps record et en formant des cristaux minuscules. C'est pourquoi, au moment de la décongélation, les baies conservent une très bonne tenue, contrairement à ce qui se passe dans un congélateur ménager où les fruits, qui ne peuvent refroidir aussi vite, restent gorgés d'humidité.

■ J'en profite pour rappeler à tous les cueilleurs de fruits des bois que les médecins ne savent pas encore soigner l'échinococcose alvéolaire, maladie due aux déjections des renards porteurs d'un ténia minuscule. Ces déjections seront lavées par les pluies, mais les œufs du ténia peuvent remonter dans les végétaux par capillarité. C'est pourquoi il est indispensable de toujours bien laver les fruits de cueillette avant de les consommer.

LA MYRTILLE

■ Pendant longtemps, dans les montagnes, la récolte des myrtilles a représenté un vrai commerce.

■ Voici ce que m'a raconté François : près du mont Gerbier des Joncs, il y a quarante ans, son grand-père Jean, alors âgé de dix ans, partait avec les autres gamins, pieds nus et la « trousse » sur le dos. C'éta t un grand carré de toile de 1,5 mètre de côté, dont il rabattait les coins lorsque les plus grands l'avaient remplie avec une dizaine de kilos de myrtilles. Il descendait la trousse plus bas sur la route, où les marchands venaient les acheter. En paiement, on lui donnait du pain, du fromage et un litre de lait par jour.

■ Pour nous, la cueillette des baies est un but de promenade, et nous aimons passer dans les myrtilliers nos peignes métalliques en écoutant rouler les myrtilles dans les petites cases en bois.

■ Aujourd'hui, les myrtilliers sont cultivés à flanc de colline ou de montagne : cette « vigne » montagnarde représente une réelle ressource pour les cultivateurs. La myrtille à chair blanche remporte un vif succès : c'est un fruit croquant, qui ne tache pas les dents et qui se conserve pendant une semaine au frais dans sa boîte cristal. Je l'ai goûtée en condiment au vinaigre : elle est à la fois acidulée et sucrée, meilleure qu'une cerise. Elle porte dans les Vosges le nom de « bluet ». En plus des vitamines C et B qu'elle contient, la myrtille possède un pigment bénéfique pour la vision nocturne.

CRÈME BRÛLÉE AUX MYRTILLES

POUR 8 PERSONNES

PRÉPARATION : 15 min

CUISSON : 1 h 15 à 1 h 30

200 G DE MYRTILLES (AU NATUREL, ÉGOUTTÉES, OU FRAÎCHES, LAVÉES)

25 CL DE LAIT

25 CL DE CRÈME LIQUIDE

6 JAUNES D'ŒUFS EXTRA-FRAIS

75 G DE SUCRE SEMOULE

HUILE POUR LES CASSOLETTES

QUELQUES FEUILLES DE CERFEUIL MUSQUÉ OU DE GÉRANIUM CITRONNÉ (FACULTATIF)

* Préchauffez le four à 130 °C (th. 2) et préparez un bain-marie dans la plaque à rôtir. Huilez des cassolettes individuelles. Répartissez les myrtilles dedans.

* Faites bouillir le lait et la crème dans une casserole. Ajoutez éventuellement les feuilles de cerfeuil musqué pour parfumer et laissez infuser pendant 5 min, couvert. Battez les jaunes d'œufs dans une terrine avec le sucre pendant 2 min.

* Versez par-dessus le mélange lait et crème à travers une passoire, donnez un coup de fouet et répartissez-le dans les cassolettes.

* Faites cuire au bain-marie le plus doucement possible pour garder à la préparation son aspect crémeux (à la différence d'une crème au caramel) : au-dessous de 150 °C (th. 3), les fours sont parfois capricieux, et la cuisson peut donc demander 15 min supplémentaires. Servez ces crèmes brûlées tièdes, accompagnées de tuiles.

* Vous pouvez les faire cuire la veille, les tenir au frais et les tiédir dans le four juste avant de les servir.

SOUPE DE CERISES

POUR 6 PERSONNES

PRÉPARATION : 10 min

CUISSON : 15 À 20 min

REPOS : 1 h

500 G DE CERISES BIEN
COLORÉES, DÉNOYAUTÉES

1/2 BOUTEILLE DE
VIN D'ANJOU ROUGE
OU DE CÔTES-DU-RHÔNE

1 BÂTON DE CANNELLE

1 ZESTE D'ORANGE

3 C. À S. DE GUIGNOLET

✳ Portez à ébullition le vin dans une casserole large avec le zeste et la cannelle, et faites réduire de moitié.

✳ Ajoutez alors les cerises dénoyautées, couvrez, laissez cuire pendant 5 min en faisant attention aux débordements, puis retirez le couvercle et remuez un peu.

✳ Lorsque le jus de cuisson devient sirupeux, ajoutez le guignolet et donnez un bouillon. Couvrez et laissez refroidir pendant 1 h.

✳ Pour conserver la soupe de cerises au froid pendant 5 à 6 jours, transvasez-la dans un bocal ébouillanté. Elle est délicieuse froide, servie avec quelques cerises de couleur claire roulées dans une poêle avec 1 c. à s. de sucre semoule ; stoppez la cuisson juste avant la caramélisation.

MOUSSE AU GÉRANIUM CITRONNÉ

POUR 6 PERSONNES

PRÉPARATION : 30 min

CUISSON : 15 min

REPOS : 2 h

6 C. À S. D'EAU DE SOURCE

6 FEUILLES DE PELARGONIUM

RADENS CITRONNÉ,

OU P. CRISPUM AU PARFUM

D'ORANGE

3 FEUILLES DE GÉLATINE

240 G DE YAOURT OU DE

FROMAGE BLANC

120 G DE CRÈME LIQUIDE

2 ŒUFS

80 G DE SUCRE SEMOULE

POUR LE DÉCOR :

FLEURS DE GÉRANIUM

* Mettez le bol contenant la crème dans le réfrigérateur. Faites bouillir l'eau dans une casserole avec les feuilles de pélargonium. Hors du feu, couvrez et laissez infuser pendant 15 min. Faites ramollir la gélatine à l'eau froide.

* Pressez les feuilles de pélargonium pour récupérer toute l'eau parfumée. Faites fondre la gélatine égouttée dedans et mettez au froid.

* Cassez les œufs en séparant les blancs des jaunes. Fouettez les jaunes avec 60 g de sucre, ajoutez le yaourt et l'eau parfumée. Fouettez la crème froide en chantilly avec 2 c. à c. de sucre. Incorporez-la au mélange précédent.

* Fouettez les blancs en neige en leur ajoutant, à mi-parcours, deux fois 1 c. à s. de sucre pour les meringuer, puis incorporez-les à la mousse ci-dessus, en deux fois.

* Versez le tout dans une jatte, que vous mettrez au froid pendant au moins 2 h.

* Décorez de fleurs de géranium cristallisées (voir page 170). Servez cette mousse dans la journée, accompagnée de tuiles à l'orange ou de biscuits à la noix de coco.

LE CAFÉ

■ *Coffea arabica* aime l'altitude. Les grands crus du café se caractérisent par leur acidité, leur fruité et la finesse de leur arôme. On parle de rondeur, d'équilibre, de persistance en bouche, de suavité, d'intensité. Autant de mots qui nous rappellent les vignobles et leurs grands crus. Malheureusement, la noblesse du café ne se retrouve pas au niveau des pratiques commerciales plus proches des méthodes esclavagistes. Alors je me suis tournée vers le commerce équitable, et ne suis pas la seule. Savoir que le délicieux breuvage qui ponctue agréablement la fin d'un repas convivial a été produit en harmonie avec la nature et le bien-être de familles exploitant de petites plantations à 1200 mètres d'altitude au sud-ouest de San Domingo me ravit. À chacun de trouver son origine préférée, du moka Sidamo d'Ethiopie, au Chiapas du Mexique. On a détecté des centaines d'arômes dans le café dont trente-six très caractéristiques. Les amateurs essaieront de deviner l'origine et l'espèce botanique, *coffea arabica* ou *coffea canephora* (robusta), puis le terroir. L'arabica bourbon du Kenya est fruité, légèrement acide alors que le même arabica bourbon du Brésil est doux, équilibré et rond en bouche. On est loin du petit Ethiopien Kaldi qui faisait danser ses chèvres en leur donnant des baies rouges à croquer.

CRÈME CHIBOUST AU CAFÉ

✷ Pour réussir la crème chiboust, il faut préparer la crème pâtissière, puis aussitôt fouetter les blancs en neige et cuire le sucre à 120 °C : c'est plus facile quand on est deux. Mais quel régal !

✷ Mettez les blancs dans le bol du robot muni d'un fouet. Préparez à côté 1 c. à s. de sucre et versez le reste (50 g) dans une petite casserole avec 2 c. à s. d'eau.

✷ Faites bouillir le lait. Mettez dans une terrine les jaunes d'œufs et 3 c. à s. de sucre, fouettez pendant 1 min, puis ajoutez la fécule de maïs. Délayez avec un peu de lait chaud et versez le contenu de la terrine dans la casserole. Ajoutez le café et faites cuire en tournant avec une cuiller en bois pendant 1 min, puis retirez du feu et couvrez.

✷ Dans le même temps, faites bouillir le mélange de sucre et d'eau. Fouettez les blancs en neige très ferme, ajoutez la cuillerée de sucre réservée puis, quand ils sont bien fermes, fouettez plus doucement.

✷ Vérifiez la cuisson du sucre à 120 °C (une goutte de sirop de sucre prélevée avec une cuiller et jetée dans un bol d'eau froide doit former une boule quand on la pétrit entre ses doigts). Versez le sucre cuit sur les blancs en continuant à fouetter, juste pour mélanger, puis incorporez la crème pâtissière encore toute chaude à l'aide d'une spatule souple. Répartissez la crème dans des coupelles, gardez dans le réfrigérateur et servez dans la journée.

POUR 6 PERSONNES

PRÉPARATION ET CUISSON : 25 min

POUR LA CRÈME PÂTISSIÈRE :

25 CL DE LAIT

3 JAUNES D'ŒUFS

3 C. À S. DE SUCRE EN POUDRE

3 C. À S. DE FÉCULE DE MAÏS

2 C. À S. DE CAFÉ EXPRESSO

POUR LA MERINGUE :

4 BLANCS D'ŒUFS

70 G DE SUCRE SEMOULE

FLAN DE PATATES DOUCES AUX PÉPITES DE CHOCOLAT

POUR 6 PERSONNES

PRÉPARATION : 15 min

CUISSON : 40 min

600 G DE PATATES DOUCES
À CHAIR ROUGE

60 G DE CRÈME LIQUIDE

2 ŒUFS

1 C. À C. DE VANILLE
EN POUDRE

1 C. À S. BOMBÉE DE SUCRE
ROUX

2 C. À S. DE RHUM

60 G DE CHOCOLAT NOIR
CONCASSÉ EN PETITS
MORCEAUX

POIVRE NOIR DU MOULIN

BEURRE ET FARINE

✳ Lavez les patates douces, faites-les cuire à la vapeur pendant environ 30 min. Pelez-les et coupez-les en rondelles, écrasez-les à la fourchette ou passez-les au moulin à légumes dans une terrine. Incorporez la crème, les œufs battus en omelette, la vanille, le rhum et le sucre, puis donnez un tour de moulin à poivre.

✳ Préchauffez le four à 200 °C (th. 5/6). Beurrez et farinez un moule à manqué ou un plat à gratin, versez-y la préparation et enfoncez les pépites de chocolat à moitié dans la pâte, en les répartissant bien, puis enfournez 15 à 20 min. Le flan apparaît orange à la sortie du four, constellé de chocolat fondu, bien moelleux.

✳ Servez-le tiède et dégustez-le, avec des tuiles ou des rochers à la noix de coco.

✳ Vous pouvez choisir des moules individuels et les tapisser de feuilles d'épis de maïs : la cuisson est alors plus rapide. Si vous préparez le flan la veille, faites-le tiédir à nouveau dans le four ou dans un four à micro-ondes avant de le servir.

Petites douceurs

MERINGUES AU CITRON VERT

POUR 16 COQUES

PRÉPARATION : 10 min

CUISSON : 45 à 50 min

4 BLANCS D'ŒUFS

150 G DE SUCRE SEMOULE

2 CITRONS VERTS

* Préchauffez le four à 150 °C (th. 3). Râpez finement le zeste des citrons. Fouettez les blancs d'œufs en neige avec 4 gouttes de jus de citron vert. Lorsqu'ils commencent à blanchir, ajoutez 2 c. à s. de sucre, fouettez encore vivement, puis incorporez le reste du sucre petit à petit. Les blancs d'œufs deviennent fermes et brillants, on dit qu'ils sont « meringués ». Ajoutez alors le zeste râpé.

* Sur la plaque du four, recouverte de papier sulfurisé, formez de grosses meringues en prenant les blancs avec une cuiller à soupe. Ne cherchez pas la régularité, car plus les formes seront diverses, plus originale sera la présentation. L'essentiel est de ne pas écraser la meringue.

* Faites cuire pendant 45 à 50 min : l'extérieur doit à peine blondir, et l'intérieur rester un peu moelleux. Si votre four n'est pas chauffé à air pulsé, tournez les plaques en cours de cuisson pour mieux répartir la chaleur. Décollez les meringues encore chaudes du papier.

* Elles se conserveront pendant 5 jours dans un endroit bien sec.

TUILES AU MIEL D'ACACIA

POUR 35 À 40 TUILES

PRÉPARATION : 10 min

CUISSON : 12 min

REPOS : 30 min

50 G DE MIEL D'ACACIA

50 G DE BEURRE

20 G D'AMANDES EFFILÉES

1 BLANC D'ŒUF

50 G DE SUCRE SEMOULE

30 G DE FARINE

✳ Faites fondre le beurre et le miel dans une petite casserole en remuant. Hors du feu, ajoutez le sucre, la farine, puis le blanc d'œuf et enfin les amandes. Laissez reposer au frais pendant 30 min au moins.

✳ Préchauffez le four à 150 °C (th. 3). Recouvrez une plaque à pâtisserie de papier sulfurisé. Avec une petite cuiller, déposez 16 à 20 tas de pâte espacés les uns des autres, en les étalant le plus finement possible avec le dos de la cuiller mouillée. Faites-les cuire pendant 6 min. Surveillez bien au bout de 3 à 4 min : si les tuiles brunissent tout autour, la chaleur est trop forte. Sortez-les pendant quelques instants et baissez le thermostat avant de terminer la cuisson. Faites cuire la seconde fournée de la même façon.

✳ Vous devez obtenir des tuiles blondes, à peine colorées à l'extérieur. Laissez-les refroidir avant de les décoller du papier, surtout si elles sont très fines.

✳ Si vous désirez des tuiles courbes, faites-les moins fines et posez-les encore chaudes sur des manches de cuillers en bois ou de couteaux, où elles refroidiront.

✳ Ces biscuits délicats se conserveront pendant 4 à 5 jours au sec. En été, tentez une fantaisie en utilisant du miel de lavande et en ajoutant dans la pâte une vingtaine de grains de lavande.

FINANCIER AU MIEL DOUX

POUR 6 PERSONNES

PRÉPARATION : 20 min

CUISSON : 25 min

8 BLANCS D'ŒUFS (300 G)

170 G DE BEURRE

100 G DE SUCRE GLACE

50 G DE MIEL DE TILLEUL

OU DE TRÈFLE

140 G D'AMANDES EN POUDRE

70 G D'AMANDES EFFILÉES

20 G DE FARINE BLANCHE

20 G DE FARINE COMPLÈTE

BEURRE POUR UN MOULE

ANTIADHÉSIF DE 28 CM DE

DIAMÈTRE OU 20 PETITS MOULES

✳ Préchauffez le four à 240 °C (th. 7/8).

✳ Beurrez le moule et tapissez-le avec les amandes effilées.

✳ Faites chauffer le beurre jusqu'à ce qu'il dégage une odeur de noisette, puis retirez-le du feu et incorporez le miel.

✳ Dans un saladier, mélangez le sucre glace, les amandes en poudre et les farines. Incorporez les blancs d'œufs sans les fouetter, puis le mélange beurre et miel.

✳ Versez cette préparation dans le moule, où elle doit arriver à mi-hauteur. Faites cuire le financier dans le four pendant 10 à 12 min à 240 °C, puis éteignez le four et laissez le gâteau dedans pendant encore 10 min.

✳ Surveillez la cuisson, car la pâte colore assez rapidement. Un bon financier a un intérieur bien moelleux et une base croustillante. Pour les moules individuels, la cuisson est de 6 min.

✳ Bien emballé, ce financier se conservera pendant 5 à 6 jours.

LE MIEL

■ On dit que les cinquante mille abeilles d'une ruche choisissent au hasard l'œuf qui aura une destinée royale. Cet œuf serait-il exceptionnel, prédestiné ? Ou bien est-ce la gelée royale dont il est nourri qui lui assure cinq années de vie de reine, pour pondre jusqu'à deux mille œufs par jour, alors que les abeilles ouvrières ne vivent que trois mois ? En dehors du miel toutes fleurs, récolté une seule fois en automne, chaque miel a sa saison. Les bergers des abeilles transportent les ruches de nuit par camion, pour une sorte de transhumance, car les insectes suivent la floraison des plantes mellifères. Les apiculteurs produisent ainsi les miels monofloraux. Entre le miel d'acacia, qui reste liquide grâce à sa teneur en lévulose, et le miel de colza, qui durcit très rapidement car il est riche en glucose, toutes les formes de cristallisation sont possibles. C'est un phénomène parfaitement naturel. D'ailleurs, la loi française interdit le chauffage du miel lors de sa préparation.

■ Le miel de ROMARIN, en avril, est puissant.

■ Le miel de COLZA, à la même époque, blanc et crémeux, très doux, est facile à tartiner ; il est souvent associé au miel de TRÈFLE.

■ Le miel d'ACACIA, d'avril à juin, de couleur blond paille, reste transparent et liquide, un atout qu'apprécient les cuisiniers.

■ Le miel de SAPIN, récolté au printemps, est brun, ambré, très parfumé.

■ Le miel de LAVANDE, plus clair, est le préféré des Lenôtre. Son arôme est à la fois présent et délicat.

■ Les miels de BRUYÈRE et de CHÂTAIGNIER, roux, granuleux et assez fort, conviennent bien pour les pâtisseries épicées.

■ Le miel d'ORANGER vient d'Israël ou de Californie.

■ Les miels de ROMARIN et de THYM sont très typés ; utilisez-les seuls dans un plat salé-sucré.

■ Le miel de TILLEUL est idéal pour sucrer une tisane calmante.

LA NOIX DE COCO

■ Les cocotiers sont de drôles d'arbres palmés sans branches, dont la graine n'a qu'un seul cotylédon, cela les classe dans le groupe des angiospermes, comme les lis, le blé et les lentilles d'eau ! Ils sont majestueusement penchés sur les plages tropicales, et les noix de coco tombant dans la mer se mettent à flotter au gré des courants pour aller s'échouer ailleurs. Ce sont les ancêtres des Maoris qui les ont emportées sur toutes les îles du Pacifique : les cocotiers forment ainsi une ceinture verte autour du monde.

■ Le cocotier est fécond : il produit une récolte tous les deux mois pendant soixante-dix ans.

■ Voici une noix fraîche cueillie sur l'arbre : on casse la coque charnue, verte et brillante, avec une machette, on perce deux des « yeux » visibles à une extrémité de la coque et l'on enfile une paille dans l'un d'eux pour boire un liquide doux et désaltérant, encore plus délicieux après un bain dans une mer à 28 °C...

■ Une fois sèche, la coque devient brune et chevelue, la chair est dure et d'un blanc éclatant. Lorsqu'on secoue la noix, on entend l'eau emprisonnée au centre. Pour l'ouvrir, posez-la dans une cuvette ou un saladier solide en plastique et, après l'avoir vidée de son eau, cassez-la au milieu avec un marteau. Pelez la peau brune et dégustez la chair telle quelle ; vous pouvez aussi l'utiliser râpée en pâtisserie. Pour obtenir le lait de coco, mixez la chair de la noix coupée en morceaux et juste couverte d'eau, puis filtrez dans un linge en l'essorant.

■ Gardez la poudre de noix de coco sèche dans le réfrigérateur, sinon elle rancit en prenant un goût de savon. On trouve aussi dans le commerce du lait de coco concentré en boîte, en poudre dans un sachet ou en pâte.

■ La noix de coco est particulièrement nourrissante.

Lavez bien la coque, percez les yeux avec un objet dur et pointu, puis buvez cette eau, nature ou en punch avec du rhum.

BISCUITS À LA NOIX DE COCO

POUR 30 À 40 PIÈCES

PRÉPARATION : 15 min

CUISSON : 30 min

100 G DE NOIX DE COCO EN POUDRE

4 BLANCS D'ŒUFS

120 G DE SUCRE SEMOULE

20 G DE FARINE

40 G DE BEURRE FONDU

2 C. À S. DE ZESTES RÂPÉS (MANDARINE ET CITRON VERT PAR EX.)

1 C. À S. BOMBÉE DE CINQ-PARFUMS CHINOIS (OU 1 C. À S. D'ANIS VERT)

2 TÔLES À PÂTISSERIE

* Préchauffez le four à 175 °C (th. 4). Recouvrez de papier sulfurisé les tôles à pâtisserie.

* Mélangez la noix de coco, 100 g de sucre, la farine, les zestes et le cinq-parfums (voir page 100).

* Fouettez les blancs d'œufs en neige bien ferme. Lorsqu'ils sont mousseux, incorporez le reste de sucre, petit à petit.

* Versez ensuite le mélange à base de noix de coco sur les blancs montés en neige : plongez la spatule dans les blancs verticalement et soulevez-les, en tournant le récipient de manière à les mélanger sans les écraser. Prélevez 2 c. à s. de cette préparation pour alléger le beurre fondu, puis incorporez ce mélange à la mousse.

* À l'aide de deux petites cuillers, disposez des tas de mousse en quinconce sur les feuilles de papier de cuisson. Faites-les cuire pendant 30 min.

* Pour décoller les biscuits du papier alors qu'ils sont encore un peu mous à la sortie du four, faites glisser un peu d'eau entre la tôle de cuisson et le papier.

* Les biscuits durcissent en refroidissant, et se conserveront pendant 8 jours dans un endroit sec.

MINI-TARTELETTES AUX ÉPICES

POUR 40 PIÈCES

PRÉPARATION : 30 min

REPOS : 1 h

CUISSON : 25 min

125 G DE FARINE BLANCHE

125 G DE FARINE COMPLÈTE

200 G DE BEURRE

5 JAUNES D'ŒUFS DURS

100 G D'AMANDES EN POUDRE

100 G DE SUCRE ROUX

2 C. À S. DE CANNELLE EN POUDRE

3 C. À S. DE QUATRE-ÉPICES

1 PINCÉE DE SEL

1 POT DE CONFITURE, DE COMPOTE OU DE MIEL

✳ Sortez le beurre 1 h à l'avance et coupez-le en petits cubes. Écrasez les jaunes d'œufs durs à travers une passoire fine. Mélangez le sucre et les épices, et mettez un tiers de ce mélange de côté.

✳ Dans le bol mélangeur d'un robot, pétrissez la farine, les jaunes d'œufs, les amandes en poudre, les deux tiers du mélange sucre et épices, le sel et le beurre, jusqu'à ce que ce dernier soit incorporé aux éléments secs.

✳ Façonnez cette pâte friable en quatre boules, enveloppez chacune d'elles dans du film plastique et mettez-les dans le réfrigérateur pendant 1 h.

✳ Préchauffez le four à 200 °C (th. 5/6). Parsemez le plan de travail avec un peu du reste de sucre aux épices. Étalez une boule de pâte dedans et divisez-la en dix portions, que vous roulerez en boulettes entre les paumes de vos mains. Faites de même avec les trois autres boules de pâte.

✳ Creusez chaque boulette avec le pouce. Rangez-les sur des tôles à pâtisserie recouvertes de papier sulfurisé, et garnissez-les de confiture, de compote ou de miel. Faites cuire chaque plaque pendant 15 à 20 min.

✳ Vous pouvez les conserver pendant 8 jours au sec. La pâte des tartelettes se conserve crue dans le réfrigérateur pendant 2 à 3 jours, ou dans le congélateur pendant plusieurs mois. Vous pouvez aussi cuire les tartelettes nature et les garnir de confiture ou de compote au moment de les déguster.

LE LITCHI ET LE RAMBOUTAN

◼ Au printemps, sur les étals thaïlandais, j'ai vu des montagnes de litchis chauves et de ramboutans chevelus. Leur couleur va du rose indien au rouge sombre. Le ramboutan est vraiment comique, avec son apparence hirsute de hippie. Pensez à lui pour un décor de table ou une soirée déguisée.

◼ On trouve ces fruits de la famille des sapindacées en Europe, plutôt en hiver et au printemps. Le litchi, qui n'est lui-même pas très grand, 4 à 5 cm de long, possède un petit frère, le longane, mais je le laisse de côté.

◼ Le litchi et le ramboutan ont un goût très fin, qui rappelle la rose et le raisin. Ils supportent la compagnie des épices, mais évitez les saveurs trop fortes, à l'exception du rhum. Pour préserver leur vitamine C et leurs minéraux, ces fruits doivent être conservés dans le réfrigérateur, mais pas plus de deux à trois jours, sinon ils noircissent et se dessèchent. C'est dommage, car ce qui est délicieux dans le litchi et le ramboutan, c'est la pulpe gorgée de jus que l'on découvre en incisant leur coque avec un couteau pointu. On peut les croquer, en grignotant la pulpe autour du gros noyau. On peut aussi les dénoyauter et faire macérer la pulpe avec un peu de rhum et de sucre de canne. Enfin, hors saison, les litchis au sirop ne sont pas à dédaigner.

LITCHIS AUX ÉPICES

* Achetez des litchis lourds et bien roses, sans taches. Lavez-les et épluchez-les. Dénoyautez-les au-dessus d'un saladier pour récupérer leur jus. Mettez-les dans une boîte en plastique avec ce jus.

* Faites chauffer dans une petite casserole le miel avec la même quantité d'eau, la demi-gousse de vanille fendue et l'épice. Avant ébullition, versez ce mélange sur les litchis.

* Fermez la boîte et laissez macérer pendant 1 à 2 jours dans le réfrigérateur avant de déguster en dessert frais. La préparation peut attendre pendant 3 jours au froid.

POUR UNE TRENTAINE DE FRUITS

PRÉPARATION : 15 min

REPOS : 1 à 2 jours

500 G DE LITCHIS

2 C. À S. DE MIEL TOUTES FLEURS

1/2 GOUSSE DE VANILLE

1 C. À S. DE CINQ-PARFUMS CHINOIS (VOIR P. 100)

L'ANANAS

■ L'ananas – comme le cayenne lisse en provenance de la Côte-d'Ivoire – est le plus gros des fruits que nous dégustons en Europe. Il pousse sur une plante herbacée vivace. Plein de sels minéraux et de vitamines C, A, B et E, c'est le fruit d'hiver par excellence. Gardez-lui la plus belle place dans le compotier, à température ambiante car il déteste le froid. Le sucre se répartira mieux dans la chair s'il est mis à mûrir la tête en bas, mais c'est moins décoratif !

■ La meilleure façon d'ouvrir l'ananas, après l'avoir bien brossé sous l'eau courante, est de le couper en deux dans la longueur, puis de le détailler en tranches, comme un melon. Détachez la coque de la chair avec un couteau bien aiguisé. Éliminez la partie centrale, en général trop fibreuse (sauf chez les petites variétés très sucrées comme le victoria qui ne pèse que 500 g), puis sectionnez la chair en dés, que vous décalerez les uns par rapport aux autres en les replaçant sur la coque.

J'aime préparer des petits cubes d'ananas sautés pendant quelques minutes avec un peu de gingembre râpé, pour les servir en dessert.

BEIGNETS D'ANANAS

✳ Versez 50 cl d'eau glacée dans un saladier, ajoutez les glaçons et mettez le tout dans le réfrigérateur pendant 15 min. Chauffez un plat de service et prévoyez du papier absorbant.

✳ Coupez l'ananas en rondelles, puis en dés. Posez-les sur du papier absorbant. Faites chauffer l'huile dans une bassine à friture. Chauffez le four à 175 °C (th. 4).

✳ Versez le tempura dans un saladier et ajoutez progressivement l'eau glacée pour obtenir une crème assez liquide. Pour une fois, cela n'a pas d'importance s'il reste des grumeaux.

✳ Enrobez chaque morceau de fruit rapidement dans la pâte en vous aidant d'une fourchette ; secouez-les légèrement pour faire tomber l'excès de pâte, puis plongez-les par petites quantités dans la friture.

✳ Retournez-les avec une écumoire sans les laisser se colorer, puis égouttez-les sur du papier absorbant. Gardez les beignets au chaud dans le four pendant le reste de la cuisson.

✳ Le mélange tempura, d'origine japonaise, à base de fécule de maïs, de farine de riz et de blé, s'achète dans les magasins de produits asiatiques.

✳ Vous avez l'embarras du choix pour préparer, selon votre goût, des beignets de fruits : mangue, papaye, banane, abricot, pomme ou poire, fleurs de souci…

POUR 4 PERSONNES

PRÉPARATION : 15 min

CUISSON : 15 min

300 G D'ANANAS ÉPLUCHÉ
(OU AUTRES FRUITS
EXOTIQUES, PELÉS ET COUPÉS
EN MORCEAUX)
1/2 SACHET DE FARINE
TEMPURA
20 GLAÇONS
3 L D'HUILE D'ARACHIDE

SABLÉS
AUX NOISETTES GRILLÉES

POUR 60 SABLÉS

PRÉPARATION : 30 MIN

REPOS : 1 h

CUISSON : 40 MIN

EN DEUX FOIS

150 G DE NOISETTES GRILLÉES

150 G DE FARINE

150 G DE FARINE DE RIZ

200 G DE BEURRE

200 G DE SUCRE GLACE OU

DE SUCRE SEMOULE

1 GROS JAUNE D'ŒUF

1 C. À S. DE SUCRE SEMOULE

1 C. À S. DE POUDRE DE

QUATRE-ÉPICES

SEL FIN

✳ Broyez les noisettes grillées après avoir mis de côté 50 g de morceaux concassés.

✳ Mélangez le beurre, coupé en petits morceaux, dans le bol d'un robot avec le sucre glace et 2 c. à c. de sel fin pendant 30 s à petite vitesse. Incorporez la poudre de noisettes, puis les farines. Faites un pétrissage court, en ramenant la farine vers le centre. Dès que le mélange est grossièrement réalisé, incorporez le jaune d'œuf.

✳ Farinez vos mains et façonnez la pâte sur le plan de travail (également fariné) en quatre ou cinq boules, sans l'écraser. Roulez chaque portion en boudin et gardez-les dans un plat au froid pendant au moins 1 h.

✳ Préchauffez le four à 180 °C (th. 4/5).

✳ Sur le plan de travail nettoyé, mélangez la cuillerée de quatre-épices, les noisettes restantes concassées et la cuillerée de sucre semoule.

✳ Découpez les boudins de pâte en rondelles régulières. Passez-les dans le mélange aux épices, puis rangez-les sur deux plaques tapissées de papier sulfurisé.

✳ Faites-les cuire dans le four en comptant 20 min pour chaque fournée. Surveillez la cuisson : les sablés colorent plus rapidement dessous, au contact de la plaque.

✳ Vous pouvez conserver ces sablés pendant 8 jours, dans une boîte, bien au sec.

LA NOISETTE

■ Le parfum des noisettes en train de griller dans les grands fours est un souvenir qui me met encore l'eau à la bouche. À la maison Lenôtre, c'était la première étape de la préparation du praliné, et personne ne ratait l'occasion d'en grignoter une pour donner son avis sur le bon degré de cuisson. Nos vêtements restaient imprégnés de ce parfum pour le restant de la journée.

Les noisettes fraîches (bien pourvues en vitamine C) se vendent de la fin juillet à la fin septembre : l'occasion rêvée pour faire le plein d'énergie.

■ Une bonne noisette doit bien remplir sa coque. Préférez toujours les plus grosses. Si le fruit tinte comme un grelot à l'intérieur de la coque quand on la secoue, la noisette est sèche. Il faut dix ans pour avoir un noisetier adulte, qui fournira des fruits pendant quarante à cinquante ans. Le verger français augmente chaque année : le sud-ouest, à lui seul, produit 4 000 tonnes de noisettes par an, mais nous en importons quatre fois plus.

■ La partie comestible de la noisette s'appelle l'amandon. Très calorique, mais plus digeste que la noix, elle possède une valeur nutritive exceptionnelle : 36 % de lipides en acides gras insaturés, une grande densité en minéraux, et des vitamines des groupes B et E. C'est un aliment de croissance, recommandé pour les enfants et les adolescents. Malgré les sucres qu'elle contient, la noisette est également conseillée dans les régimes pour diabétiques.

LA NOIX

■ Pour le grand magasin Ka De We, notre franchisé Lenôtre de Berlin, l'équipe de recherche était toujours en ébullition. Les Allemands sont de grands spécialistes dans l'art du pain et de la viennoiserie, mais c'est pourtant notre boulangerie qui les avait séduits. Le jour où les premiers pains de seigle aux raisins et aux noix sortirent du four à bois, nous étions très attentifs. Marcel tira le manche de la longue pelle, et l'on entendit la croûte qui crépitait doucement, tandis que se répandait l'odeur chaude du pain mêlée à celle des noix.

■ La noix est d'abord un fruit primeur, fin septembre.

■ En automne, des milliers de noix gisent au pied des noyers, et personne n'en profite. Quand on possède un cerisier, il est rare de laisser perdre ses fruits mais, bien souvent, on ne sait que faire des noix.

■ La noix fraîche possède un taux d'humidité élevé, aussi gardez-la au frais à l'air. Comme sa peau est astringente, il faut la peler. Mais j'ai imaginé une petite astuce pour déguster les noix fraîches sans ôter la peau : cassez les coquilles, ébouillantez les cerneaux pendant 30 s et laissez-les s'égoutter pendant 30 min ; ensuite, faites-les chauffer dans une poêle sur feu vif, en les retournant avec deux fourchettes.

■ Les cerneaux se colorent et la peau pète joyeusement. Arrêtez au bout de 5 min, lorsque les noix commencent à fumer, et laissez-les refroidir. Les savants, qui ne connaissent pas mon truc, ont mis au point une nouvelle noix sans amertume, la lara, qui n'a pas besoin d'être pelée.

■ Énergétiques, les noix sont riches en lipides, en protides, et en vitamines B et E. Achetez des noix non lavées, car ce traitement modifie le goût.

■ Quant au vin de noix, c'est un délicieux apéritif naturel.

Mélangés avec du miel liquide, les cerneaux peuvent se garder pendant un an dans le réfrigérateur. Vous n'aurez qu'à en prélever la quantité nécessaire au fur et à mesure de vos besoins.

LES MEILLEURS USAGES DE LA NOIX

Comment faire le meilleur usage de ces noix ?

❊ Vous pouvez simplement les chauffer à sec dans une poêle avant de les parsemer sur une salade de fruits.

❊ Vous pouvez aussi les épicer ou les sucrer, pour les déguster comme petit encas.

Voici comment procéder pour les noix et les noix exotiques.

❊ Battez un blanc d'œuf dans un grand bol pendant 1 min avec une fourchette, en incorporant une cuillerée à café d'épices et de sucre roux.

❊ Enrobez 200 g de noix de ce mélange, posez-les sur une feuille de papier sulfurisé et placez-les dans un four préchauffé. Éteignez celui-ci au bout de 5 min et laissez les noix refroidir dans le four.

❊ Ces noix enrobées se conserveront au sec pendant 15 jours.

LA NOIX DE CAJOU

■ Bien qu'il ait été découvert aux Antilles, et qu'il soit peut-être originaire d'Amazonie, l'anacardier pousse dans d'autres pays tropicaux. Ayant vu la noix de cajou en photo (dans le beau livre de Michel Viard, *Les Fruits et légumes du monde*), fixée sous sa « pomme » rouge, je rêvais de la découvrir et de croquer cette fausse pomme sans pépin, juteuse et aromatique. À bord de la Jeep, je scrutais les bords de la route, criant à chaque fois qu'un fruit rouge dépassait d'une branche. En fait, la pomme est toute petite et perchée très haut ; grâce à la gentillesse d'un paysan qui, muni d'une longue perche, fit tomber une noix et sa pomme, je pus me délecter en me poissant les mains. Mais la coque renfermant la noix contient une huile caustique, ce qui oblige à la griller et à la décortiquer pour la consommer.

■ En Inde, cette noix, très appréciée à tous les moments de la journée, intervient notamment dans les gâteaux.

■ Je préfère l'acheter nature et la griller au fur et à mesure de mes besoins, comme les noisettes, auxquelles elle ressemble par ses qualités nutritives.

Glaces et sorbets

GLACE À LA FRAISE

POUR 1 L DE GLACE

PRÉPARATION : 15 min

TURBINAGE : 30 min

500 G DE FRAISES ÉQUEUTÉES

25 CL D'EAU DE SOURCE

250 G DE SUCRE SEMOULE

1 C. À S. DE LIQUEUR DE

CASSIS OU DE FRAMBOISE (OU

2 C. À S. D'EAU DE ROSE)

20 CL DE CRÈME LIQUIDE

* Mettez la jatte contenant la crème fraîche dans le réfrigérateur 1 h avant de commencer la préparation (ou pendant 15 min dans le congélateur).

* Portez à ébullition l'eau dans une casserole avec le sucre pour le faire fondre, puis refroidissez rapidement la casserole en la posant dans un mélange d'eau froide et de glaçons.

* Mixez les fraises avec le sirop de sucre, ajoutez la liqueur ou l'eau de rose, et versez le mélange dans la sorbetière. Faites prendre en glace.

* Pendant ce temps, fouettez fermement la crème fraîche. Lorsque la purée de fraises prend en sorbet, incorporez la crème fouettée cuillerée par cuillerée.

* Servez avec des abricots pochés ou un coulis de fruits rouges.

GLACE RÉGLISSE ET MENTHE

POUR 1 L DE GLACE

PRÉPARATION : 20 min

CUISSON : 40 min

REPOS : 1 h

TURBINAGE : 30 min

3 BÂTONS DE RÉGLISSE BRUTE

25 CL D'EAU DE SOURCE

60 CL DE LAIT

60 G DE SUCRE ROUX

5 JAUNES D'ŒUFS

3 BRANCHES DE MENTHE
FRAÎCHE

8 FEUILLES DE MENTHE
CRISTALLISÉES (VOIR P. 170)

* Cassez chaque bâton de réglisse en quatre tronçons en prenant appui sur le rebord d'une table. Versez l'eau dans une casserole, ajoutez la réglisse et faites chauffer sur feu doux, couvrez et laissez réduire de moitié pendant environ 30 min.

* Versez le lait dans une autre casserole, filtrez le jus de réglisse dedans et portez à ébullition. Fouettez les jaunes d'œufs dans une terrine avec le sucre, puis versez le lait bouillant dessus en remuant sans arrêt.

* Reversez ce mélange dans la casserole et faites chauffer sur feu doux, en mélangeant avec une spatule. Le mélange épaissit rapidement et mousse beaucoup. Retirez du feu avant l'ébullition et continuez à remuer en frottant la spatule dans le fond de la casserole pendant 1 min. Faites refroidir rapidement, en posant la casserole dans de l'eau froide.

* Ébouillantez les feuilles de menthe fraîche, égouttez-les et ciselez-les. Ajoutez-les dans la crème et faites prendre en glace dans une sorbetière.

* Moulez en boules et servez dans des coupes givrées, en décorant de feuilles de menthe cristallisées.

* La glace à la réglisse se conservera pendant 15 jours dans le congélateur.

LA RÉGLISSE

■ Difficile de retrouver dans ce mot son origine grecque. Il s'agit de *glukurriza,* qui veut dire « racine douce ». C'est pourtant bien cette racine marron en forme de bâtonnet que des générations d'enfants ont mâchouillée pour se faire les dents.

■ Très populaire au XVIIIe siècle, le suc de réglisse se vendait dans les rues, mélangé avec du jus de citron pour constituer une boisson rafraîchissante et tonique. On lui avait donné le nom de « coco », car sa couleur crème rappelait celle de la noix de coco. Pour certaines soirées « grand siècle », quelques-uns de nos serveurs habillés en marchands de coco proposaient aux invités de se désaltérer sur le péron du Pré Catelan.

■ Les bâtons de réglisse ont un fort pouvoir sucrant.

LA ROSE

■ Pour la pâtisserie et la confiserie, il convient de choisir l'ancienne rose de Damas, la rose aux cent feuilles, ou les roses très parfumées, comme la 'Papa Meilland' ou la 'Mme Isaac Pereire'. À Provins, depuis l'époque des croisades, on fabrique le miel rosat avec la fameuse variété *Rosa gallica officinalis*. Quant à l'eau de rose de Doué-la-Fontaine, elle est vendue en pharmacie et peut servir à aromatiser les glaces et les crèmes, de même que l'eau de fleur d'oranger.

■ Avec des pétales de roses cristallisés, vous décorerez un dessert, mais je vous propose encore une autre surprise, tant pour sa couleur que pour son goût : le sorbet aux pétales de roses.

■ Les loukoums à la rose sont toujours une spécialité à rapporter des échopes d'Istanbul.

SORBET
AUX PÉTALES DE ROSE

POUR 1 L DE SORBET

PRÉPARATION : 10 min

MACÉRATION : 24 h

TURBINAGE : 30 min

5 ROSES POURPRES TRÈS
PARFUMÉES

500 G DE SUCRE SEMOULE

50 CL D'EAU DE SOURCE OU
D'EAU MINÉRALE

10 CL DE JUS DE CITRON

✳ Portez à ébullition l'eau et le sucre dans une casserole, puis laissez reposer le mélange pendant 15 min hors du feu. Pendant ce temps, coupez la base blanche des pétales de roses ; il doit vous rester environ 40 g de pétales. Lavez-les dans une passoire.

✳ Mélangez les pétales dans le sirop encore chaud et versez le tout dans une boîte en plastique, puis fermez-la hermétiquement. Laissez macérer pendant 24 h dans le réfrigérateur.

✳ Versez cette préparation dans la sorbetière à travers une passoire, et appuyez sur les pétales avec le dos d'une cuiller pour exprimer tout le rouge des roses. Ajoutez le jus de citron. Faites turbiner pendant 30 min. La couleur du sorbet dépend de celle des fleurs. Elle vous étonnera.

✳ Le parfum ressort en bouche sans excès, avec beaucoup de délicatesse. Décorez les assiettes de service avec des fruits rouges ou de fines lamelles de melon.

PÊCHE, NECTARINE, BRUGNON

■ Les hommes préfèrent la pêche, fruit d'été par excellence.
Le velours et les couleurs chaudes de sa peau, sa douceur et sa rondeur évoquent sensualité, et même érotisme. Mais si la nectarine n'a pas de réelle existence symbolique, elle remporte les suffrages d'une majorité de femmes et de jeunes, et grignote petit à petit des parts de marché. Des adjectifs tels que parfumé, juteux, sucré, rafraîchissant ou fondant qualifient ce fruit idéal. Malheureusement, il est souvent farineux et dur par manque de maturité et, dans ce cas, son parfum est inexistant.

■ Les producteurs jouent la nouveauté en matière de variétés et paraissent avoir du mal à se fixer. Mais précisons une chose : pour approvisionner le marché tout l'été, un verger doit disposer d'au moins cinquante variétés d'arbres de cette famille de fruits. Espérons que les recherches iront vers une sélection de fruits plus résistants aux maladies, pour éviter les traitements (environ six au cours de l'année). Si les producteurs éliminent les variétés de médiocre qualité et trouvent le meilleur stade de récolte, ils nous redonneront du même coup le goût de ces fruits d'été, très digestes, riches en minéraux et en vitamines.

■ Un mot sur la pêche de vigne, dont tous les anciens parlent avec des trémolos dans la voix. Jadis, lorsque les viticulteurs plantaient leurs vignes, ils intercalaient quelques rangs de pêchers ; certains donnaient des petits fruits à peau grise, à la chair blanche et très sucrée, d'autres non. Ceux qui ont la chance de pouvoir s'en procurer de bonnes préparent des sorbets sans ajouter de sucre tellement leur parfum explose. Depuis cinq ans, nous voyons sur le marché des pêches baptisées « de vigne » à la chair rouge sombre. C'est une nouvelle variété, produite dans la région lyonnaise. Cette pêche tardive complète la gamme, mais sa couleur vire lorsqu'on la découpe dans une salade de fruits, et elle supporte mal la cuisson, sauf en confiture.

SORBET À LA PÊCHE

* Passez les pêches pendant 1 min à la vapeur, pelez-les, coupez-les en quartiers et gardez-les au froid.

* Portez à ébullition l'eau de source, les noyaux des pêches et le sucre, puis laissez refroidir ce sirop parfumé.

* Pendant ce temps, hachez finement le zeste d'une orange, et faites chauffer le jus des 2 fruits avec le zeste. Faites réduire de moitié et laissez refroidir.

* Mixez les pêches avec le jus à l'orange refroidi, puis ajoutez le sirop, en le versant à travers une passoire. Faites prendre en sorbetière.

* Broyez les fraises avec le sucre pour obtenir un coulis. Présentez deux ou trois boules par coupe, arrosez de coulis et décorez de pétales de capucine cristallisés (voir page 170).

* Vous pouvez remplacer les pétales de capucine par des pétales de rose.

POUR 8 PERSONNES

PRÉPARATION : 20 min

TURBINAGE : 30 min

MACÉRATION : 1 h

700 G DE PÊCHES JAUNES

20 CL D'EAU DE SOURCE

200 G DE SUCRE SEMOULE

2 ORANGES

24 PÉTALES DE CAPUCINE

POUR LE COULIS :

300 G DE FRAISES

100 G DE SUCRE SEMOULE

SORBET KIWI ET PAMPLEMOUSSE

POUR 1 L DE SORBET

PRÉPARATION : 10 min

TURBINAGE : 30 min

CONGÉLATION : 3 h

6 KIWIS

1/2 CITRON

1 GROS PAMPLEMOUSSE ROSE

1 GROS AVOCAT MÛR

10 CL DE SIROP DE SUCRE
DE CANNE

4 C. À S. DE LIQUEUR VERTE

✱ Mettez de côté 1 kiwi que vous éplucherez au moment de servir. Pelez les autres kiwis et coupez-les en morceaux. Coupez l'avocat en deux et récupérez la chair. Pressez le citron et le pamplemousse.

✱ Mixez les jus et la pulpe des fruits, ajoutez le sirop de sucre et la liqueur, puis versez dans une sorbetière et faites prendre pendant 30 min.

✱ Moulez le sorbet et mettez-le dans le congélateur. Servez ce sorbet démoulé, décoré avec les rondelles du dernier kiwi.

✱ Le kiwi donne la couleur, le citron la préserve et l'avocat apporte son onctuosité.

✱ Si vous le dégustez le jour même de sa préparation, présentez-le dans les demi-coques d'avocat.

LE KIWI

■ Au gel ! Au gel ! Il est 2 heures du matin ce 30 octobre. Une sonnerie retentit, et tout le monde saute du lit. La ferme ressemble à une caserne de pompiers en alerte d'incendie. Justement, M. Bourdeau déclenche l'arrosage sur les Actinidias. La lutte contre le gel, c'est comme la lutte contre le feu. L'eau qui se dépose sur les kiwis forme une pellicule de glace, mais cette glace provoque un dégagement de chaleur : le fruit est alors réchauffé, et l'arrosage se poursuivra jusqu'à ce que la température remonte au-dessus de 0 °C. Au matin, le soleil des Charentes séchera les kiwis, et la récolte pourra se terminer.
Les kiwis cultivés en Aquitaine depuis quelques dizaines d'années ont connu des aventures diverses, dont la lutte contre le froid, mais aussi la bataille des prix avec les distributeurs. Comme ce fruit est l'objet de promotions stupides dans les grandes surfaces, beaucoup d'agriculteurs ont fait faillite.

■ Il serait préférable que le consommateur soit informé, au moment de l'achat, des traitements infligés (ou non) aux kiwis. Certains producteurs réussissent à les cultiver et à les conserver sans traitement, alors que d'autres, entre les fongicides et les insecticides, effectuent une dizaine de passages !

■ Le kiwi français, qui remplace celui de Nouvelle-Zélande, arrive à maturité en décembre avec un indice en sucre de 12 ou 13 au réfractomètre (instrument de mesure de la teneur en sucre des fruits avant la cueillette et des préparations telles que gelées ou sorbets), mais il peut être récolté avant, car il continue à mûrir une fois cueilli, sans en souffrir.

■ Il apporte en hiver plus de vitamine C que n'importe quel agrume. Sa teneur en magnésium est très élevée, et ses autres minéraux sont bien diversifiés.

■ Vous pouvez l'acheter encore dur, le conserver dans le bac à légumes du réfrigérateur et le sortir cinq à six jours avant de le déguster.

LE PAMPLEMOUSSE

■ Autour de Hô Chi Minh-Ville, les jardins et les champs regorgent de fruits et de légumes ; dans ce pays de cocagne, les habitants, hommes, femmes et enfants, travaillent sans relâche. Mais chacun prendra le temps de vous montrer sa maison ou son savoir-faire avec le sourire. Au bout de ce chemin de terre, deux femmes confectionnent des galettes de riz ; elles sont fières de leur coup de main et de la finesse des galettes qu'elles cuisent à la vapeur sur des fours en terre. Toutes sortes d'agrumes mûrissent alentour, et le maître de maison m'offre deux énormes pamplemousses, que je rapporterai pour les déguster en France. Une peau très épaisse cache une chair rose nacré, douce et parfumée, très juteuse. On le trouve quelquefois sous le nom de « pomelo exotique ».

■ En France, sous le nom « pamplemousse », si léger et doux à l'oreille, se cache le pomelo, lourd et tout en rondeur ; ce mutant de pamplemousse, qui fait la fortune des planteurs de Floride depuis cent ans, n'a pas réussi à nous imposer son nom... La guerre économique fait rage entre la Floride et Israël, car nous achetons de plus en plus ce fruit, au détriment de l'orange.

■ Le blanc marsh seedless possède une chair jaune acidulée, un peu amère. Le rose thompson, sous une peau jaune vif, présente une chair plus ou moins rouge et sucrée. Il y a aussi le vert sweetie, dont la chair jaune est parfumée et sucrée mais, comme nous sommes mal informés, nous croyons qu'il n'est pas mûr. Avouez qu'il y a de quoi se tromper ! Protégé par son écorce, le pamplemousse garde durant plusieurs semaines sa vitamine C.

■ Il active la sécrétion biliaire et gastrique, et est idéal à consommer avant le petit déjeuner.

■ Vous pouvez boire son jus sans ajouter de sucre.

Dégustez-le coupé en deux, poudré de cannel e ou de paprika, en salade sucrée, ou encore poudré de sucre roux et gratiné sous le gril.

LA PISTACHE

■ À Istanbul, pour passer de la seconde cour aux cuisines du palais Topkapi, il y a trois portes : la porte de la direction de l'intendance, la porte des cuisines et la porte des confiseries. C'est dire l'intérêt que portaient les sultans turcs aux sirops et aux sucreries. On peut y voir encore les mortiers en tombac (un alliage doré) dans lesquels on broyait les fruits secs. Avec les graines vert tendre et si délicates du pistachier, on réalisait la farce des délicieux baklavas, baignés de sirop de sucre à l'eau de rose, qui faisaient les délices des femmes du harem.

■ Ali Efendi pense à cet heureux temps. Il grignote des baklavas en sirotant à petites gorgées le précieux café turc. Il adore aussi les pistaches salées, et s'en va choisir sur le marché aux épices celles qui sont grillées juste à son goût. En Turquie, on appelle cela « l'art de cueillir le temps qui passe ».

SORBET CHOCOLAT AUX PISTACHES CARAMÉLISÉES

✳ Faites chauffer l'eau à 50 °C dans une casserole. Ajoutez le miel en tournant pour le faire fondre.

✳ Mélangez dans une terrine la poudre de lait, le cacao et le sucre. Versez dessus un tiers de l'eau chaude miellée en fouettant.

✳ Cassez la tablette de chocolat en petits morceaux. Faites-les fondre dans le reste d'eau, et versez le tout en fouettant sur le mélange précédent. Laissez refroidir et mettez cette préparation dans le réfrigérateur pendant 1 h, puis faites-la prendre en sorbetière.

✳ Servez ce sorbet très onctueux en le garnissant de pistaches caramélisées (voir page 172).

POUR 1 L DE SORBET

PRÉPARATION : 15 min

REPOS : 1 h À 1 h 15

TURBINAGE : 30 min

60 CL D'EAU DE SOURCE

1 GROSSE C. À S. DE MIEL

60 G DE LAIT EN POUDRE ÉCRÉMÉ

90 G DE SUCRE EN POUDRE

100 G DE CACAO EN POUDRE AMER

130 G DE CHOCOLAT NOIR
EN TABLETTE

100 G DE PISTACHES
CARAMÉLISÉES

POTIMARRON GLACÉ AU CHOCOLAT

POUR 6 À 8 PERSONNES

PRÉPARATION : 20 min

CUISSON : 15 min

REFROIDISSEMENT :
3 h minimum

1 POTIMARRON MOYEN DE
800 G ENVIRON

12 CL DE LAIT

100 G DE SUCRE ROUX

120 G DE BEURRE

120 G DE CHOCOLAT NOIR

100 G DE CERNEAUX DE NOIX

BEURRE POUR LE MOULE

POUR LE DÉCOR :

CERNEAUX DE NOIX
CARAMÉLISÉS

COULIS DE FRAMBOISES
OU DE GROSEILLES

✳Lavez le potimarron, coupez-le en morceaux sans l'éplucher, retirez les graines. Faites-le cuire dans une casserole avec le lait pendant 15 min, à couvert mais en veillant à ce qu'il reste un peu de liquide. Passez au moulin à légumes.

✳Versez la purée dans une terrine, incorporez le beurre coupé en dés et le sucre. Battez vigoureusement la pâte, puis ajoutez sans mélanger les cerneaux de noix et le chocolat, concassé au couteau pour laisser des pépites de chocolat croquantes dans la pâte et donner un effet marbré orange agréable à l'œil.

✳Beurrez un moule à cake et chemisez-le de papier sulfurisé. Versez la pâte dans le moule et lissez le dessus. Mettez-le dans le réfrigérateur pendant 24 h, ou dans le congélateur pendant 3 h.

✳Démoulez le gâteau et décorez-le de cerneaux de noix, caramélisés (voir recette des pistaches caramélisées, page 172) ou trempés dans du chocolat fondu. Servez avec le coulis.

✳Non démoulé, ce gâteau fondant se conservera pendant 4 jours dans le réfrigérateur.

SORBET MANGUE
ET AGRUMES

✳ Faites chauffer l'eau de source dans une casserole avec le sucre. Ajoutez le zeste râpé du citron vert et mélangez, puis refroidissez rapidement ce sirop en posant la casserole dans un bain d'eau glacée.

✳ Pressez le citron vert et les oranges. Mixez la mangue avec le jus des agrumes, puis ajoutez le sirop refroidi. Faites prendre dans une sorbetière.

✳ Coupez les kumquats confits en petits dés et incorporez-les au sorbet avant qu'il ne durcisse. Servez dans des coupes glacées ou dans des demi-écorces d'agrumes.

POUR 1 L DE SORBET

PRÉPARATION : 15 min

CUISSON : 5 min

TURBINAGE : 30 min

400 G DE PULPE DE MANGUE

3 ORANGES

1 CITRON VERT

16 CL D'EAU DE SOURCE

160 G DE SUCRE SEMOULE

100 G DE KUMQUATS CONFITS

(VOIR P. 139)

Confitures,
purées, conserves
et fruits confits

CUISSON DES CONFITURES

* La macération des fruits et du sucre pendant plusieurs heures donne un sirop que vous allez cuire après avoir égoutté les fruits.

À partir d'une bonne ébullition, les bulles deviennent plus petites (la température du sirop dépasse alors 100 °C), et vous pouvez vérifier le degré de cuisson de votre confiture.

* Laissez bouillonner le sirop pendant 5 min, puis prélevez-en une petite cuillerée et jetez-la dans un bol d'eau fraîche. À 106 °C, vous voyez des fils visqueux dans l'eau ; à 109 °C, vous pouvez les prendre entre vos doigts (ils sont malléables mais ne forment pas encore une boule). Cette température de 109 °C suffit en général pour la cuisson du sirop. Ajoutez alors les fruits, remuez, remontez à ébullition et faites encore cuire pendant 5 à 15 minutes, pour atteindre à nouveau 106 °C.

* Des fruits gorgés d'eau, comme le melon, mettront deux à trois fois plus de temps que des framboises. Dans ce cas, le sirop doit être cuit à 118 °C, au boulé ; jeté dans l'eau, le sucre se détache des doigts et forme une boule molle.

* Lavez et ébouillantez pots et couvercles, posez-les sur un linge propre.

* Remplissez les pots à l'aide d'une louche, puis fermez les couvercles et retournez les pots tête en bas.

PURÉE DE COING

∗ Frottez et essuyez les coings pour éliminer le duvet qui les recouvre, puis lavez-les. Ne les pelez pas, coupez-les en huit. Retirez le cœur, les pépins et les morceaux granuleux ; gardez-les pour faire la gelée (voir page 144).

∗ Posez les tranches de coing au fur et à mesure dans 1 l d'eau dans la cocotte : elles doivent finalement être à peine recouvertes. Ajoutez le vinaigre, le sucre ou le miel.

∗ Couvrez et faites cuire pendant environ 30 min. Vous devez alors pouvoir transpercer facilement les coings avec un couteau.

∗ Égouttez-les, conservez le jus de cuisson pour faire la gelée (voir page 144) et passez les fruits au moulin à légumes. Incorporez le beurre à la purée obtenue, ajoutez au goût un peu de sucre roux ou de miel. La pâte de coing est faite en faisant cuire cette purée avec le même poids de sucre.

∗ Cette purée peut se garder 2 à 3 jours. Vous pouvez en congeler, car la saison du coing est courte.

POUR 8 PERSONNES

PRÉPARATION : 20 min

CUISSON : 30 min

2 KG DE COINGS

4 C. À S. DE VINAIGRE DE CIDRE

25 G DE SUCRE OU

5 C. À S. DE MIEL

25 G DE BEURRE

GELÉE DE COING

POUR 6 PERSONNES

PRÉPARATION : 20 min

CUISSON : 25 min

INGRÉDIENTS

LE JUS DE CUISSON DE LA

PURÉE DE COING

LES PARURES DES COINGS

UTILISÉS POUR LA PURÉE

SUCRE ROUX

1 C. À S. DE GRAINES

DE SÉSAME

HUILE

* Huilez 2 ou 3 barquettes d'aluminium. Faites cuire à feu doux dans une casserole le jus de cuisson des coings ainsi que les parures pendant 30 min. Passez le jus, pesez-le et remettez-le dans une casserole. ajoutez les deux tiers de son poids en sucre.

* Poursuivez la cuisson pendant 20 min environ. Posez quelques gouttes de gelée sur une assiette pour juger de sa consistance : elle continue de durcir après la cuisson. Hors du feu, incorporez les graines de sésame. Versez la gelée dans les barquettes huilées et laissez durcir.

* Au moment de servir, découpez la gelée de coing en cubes et présentez ceux-ci dans des caissettes en papier ou sur des petits sablés.

* Bien emballée, la gelée de coing se conservera pendant plusieurs mois.

* Cuite moins longtemps, et donc plus liquide, cette gelée sera versée dans des pots ébouillantés et utilisée comme une confiture. Dans ce cas, parfumez-la pendant la cuisson avec des zestes d'agrumes.

CONFITURE BRUGNONS-CERISES

POUR 5 POTS DE 375 G

PRÉPARATION : 20 min

MACÉRATION : 12 h

CUISSON : 30 min

1,2 KG DE BRUGNONS BLANCS

600 G DE CERISES NOIRES OU

DE GRIOTTES, DÉNOYAUTÉES

2 GOUSSES DE VANILLE,

COUPÉES EN TRONÇONS

1,1 KG DE SUCRE SEMOULE

✳ Coupez les brugnons en quartiers dans un grand saladier. Ajoutez les cerises, les gousses de vanille et le sucre. Mélangez et laissez macérer pendant 12 h au frais.

✳ Égouttez les fruits au-dessus d'une cocotte et commencez la cuisson du sirop avec les gousses de vanille (voir les conseils page 153).

✳ Faites cuire en remuant avec une cuiller en bois. Quand la température atteint 118 °C, ajoutez les fruits, puis poursuivez la cuisson jusqu'à ce que la température remonte à 109 °C.

✳ Mettez en pots, fermez ceux-ci et retournez-les immédiatement.

✳ Pêches et abricots peuvent se préparer ainsi.

LA PRUNE

■ Un écriteau attire mon regard : « kaouech du jardin. » Encore une nouvelle variété ? Le producteur de Sisteron, voyant mon regard interrogatif, m'explique alors, « avé l'assent », qu'une touriste alsacienne vient de lui donner le nom de ces prunes délicieuses qu'il cueille sur son prunier. La zwetsche allemande, ou quetsche alsacienne, c'est désormais sa kaouech à lui. Elle est mûre à point, juteuse et sucrée. En réalité, c'est peut-être la perdrigone, variété locale vendue fraîche ou séchée comme le pruneau à Agen. Pour nous qui dégustons les prunes des montagnes du briançonnais, cueillir les fruits lorsqu'ils sont mûrs paraît une lapalissade mais, pour le producteur, le problème est plus complexe. En ce qui concerne les prunes, il sait que le taux de sucre augmente peu après la cueillette.

■ Pour qu'elles soient sucrées à point, il faut les cueillir mûres et encore fermes. Si elles sont entreposées dans une chambre froide classique, les prunes se ramollissent, et leur chair devient pâteuse. On utilise plutôt l'atmosphère contrôlée : 2 % d'oxygène, 2,5 % de gaz carbonique et le reste en azote. La température de stockage est de 0,5 °C, ce qui nous paraît froid mais qui convient bien aux prunes. Une fois achetées, elles se conserveront une huitaine de jours dans la partie la plus froide du réfrigérateur. C'est un conseil à retenir, car les vendeurs donnent peu d'indications sur la conservation de leurs produits.

CONFITURE PRUNES-POMMES

✳ Dénoyautez les prunes et mélangez-les dans un saladier avec le sucre, puis laissez macérer à température ambiante pendant au moins 12 h. Les fruits vont rendre plus ou moins de jus : s'il y en a peu, prolongez le temps de macération.

✳ Égouttez les prunes et récupérez le jus dans une grande casserole à fond épais. Zestez la peau du citron et pressez-le. Pelez les pommes, coupez-les en huit, retirez le cœur et les pépins. Mettez parures et pelures dans une gaze, trempez-les dans le jus des prunes et faites-les cuire pendant 15 min, puis retirez-les.

✳ Ajoutez alors les pommes, le jus de citron et le zeste, ainsi que le safran et la cannelle si vous choisissez ces parfums. Faites cuire encore pendant 15 à 20 min, et ajoutez les prunes. Montez la température de cuisson à 106 °C, puis retirez la cannelle.

✳ Si vous choisissez comme parfum l'aneth ou le fenouil, ajoutez-le en dernier après l'avoir légèrement écrasé. Mettez la confiture en pots, fermez et retournez immédiatement. Dans cette confiture, la pomme apporte une touche d'acidité et une tonalité claire.

POUR 5 POTS DE 375 G CHACUN

PRÉPARATION : 20 min

REPOS : 12 À 24 h

CUISSON : 30 À 40 min

1,5 KG DE PRUNES DE COULEUR VERTE OU DORÉE

500 G DE POMMES GRANNY SMITH OU VARIÉTÉS LOCALES ACIDULÉES

1,2 KG DE SUCRE SEMOULE

1 CITRON

2 C. À S. DE GRAINS D'ANETH OU DE FENOUIL

OU 1 DOSE DE SAFRAN

2 BÂTONS DE CANNELLE

FIGUES CONFITES À L'ORANGE

POUR 3 POTS

PRÉPARATION : 5 min

MACÉRATION : 12 h

CUISSON : 20 À 30 min

750 G DE FIGUES FRAÎCHES

30 CL DE JUS D'ORANGES

FRAÎCHEMENT PRESSÉES

200 G DE SUCRE ROUX

LE ZESTE DE 2 ORANGES

* Émincez le zeste des oranges en fines languettes.

* Lavez délicatement les figues. Mettez-les dans une casserole large sans les superposer. Ajoutez les zestes, puis versez le jus d'orange et le sucre, couvrez et laissez macérer pendant 12 h.

* Faites cuire doucement, pendant 20 à 30 min. Veillez à ce que les fruits n'attachent pas. Ajoutez 2 c. à s. d'eau, mouillez au pinceau les bords de la casserole et couvrez pour finir la cuisson.

* Ébouillantez les pots. Rangez les figues dedans sans les écraser. Remplissez de sirop bouillant, fermez les pots et retournez-les.

* Vous pouvez bien sûr servir ces figues confites sans attendre, en dessert avec des tuiles à l'orange (voir page 91), mais les pots se conserveront au frais pendant 1 mois.

CHÂTAIGNES CONFITES

PRÉPARATION : 40 min

CUISSON : 40 à 45 min

1,2 KG DE CHÂTAIGNES

750 G DE SUCRE EN POUDRE

1 GOUSSE DE VANILLE

1 C. À S. DE GINGEMBRE FRAIS
RÂPÉ

＊ Pour éplucher les châtaignes, voici une méthode qui vous évitera aussi bien de vous brûler les doigts que de réduire vos châtaignes en purée.

＊ Lavez les châtaignes. À l'aide d'un petit couteau pointu, incisez-les sur tout un côté, de la tache claire à la pointe, puis ôtez l'enveloppe. Remplissez une petite casserole d'eau et portez à frémissement, ajoutez 300 à 400 g de châtaignes et laissez-les cuire pendant 10 min sans bouillir. Sortez 5 ou 6 fruits avec une écumoire et glissez-les dans une poche en plastique. Attendez quelques instants pour les peler, humides mais non bouillants. Recommencez cette opération jusqu'à ce que vous ayez épluché toutes les châtaignes.

＊ Portez à ébullition 50 cl d'eau dans une casserole, avec le sucre, la gousse de vanille fendue sur toute sa longueur et le gingembre. Ajoutez les châtaignes.

＊ Laissez mijoter sans faire bouillir pendant 30 à 40 min. Une partie des fruits devient translucide, et le sirop prend une couleur dorée. Répartissez les châtaignes confites ainsi que le sirop dans des pots ébouillantés, fermez ceux-ci et retournez-les.

＊ Servez-les, par exemple, avec un sorbet aux poires et une sauce chaude au chocolat. Elles se conserveront pendant 2 mois au frais.

＊ Les châtaignes peuvent se briser lors de la cuisson si les fruits sont trop secs ou si l'été a manqué de pluie.

Friandises
et confiseries

BOUCHÉES DE MELON AU SÉSAME

POUR 20 BOUCHÉES ENVIRON

PRÉPARATION : 15 min

CUISSON : 10 min

250 G DE CHAIR DE MELON CHARENTAIS OU BRODÉ, FERME ET PARFUMÉ

250 G DE SUCRE POUR CONFITURES

20 FEUILLES DE MENTHE

150 G DE GRAINES DE SÉSAME

CAISSETTES EN PAPIER SULFURISÉ

HUILE

∗ Coupez finement les feuilles de menthe au couteau. Détaillez la chair du melon en cubes. Faites cuire ces ingrédients dans une casserole pendant 5 min, puis ajoutez le sucre et reportez à ébullition, en remuant sans arrêt avec une cuiller en bois.

∗ Laissez cuire pendant encore 5 min à gros bouillons, puis versez cette belle gelée dorée dans un plat carré huilé et laissez-la refroidir complètement.

∗ Découpez la gelée en bandes, puis prélevez des portions de la taille d'une grosse noix avec une cuiller à café. Roulez-les entre vos paumes pour les enrober de graines de sésame, et déposez-les dans les caissettes.

∗ Ces bouchées de gelée se conservent à température ambiante pendant 4 à 5 jours. Servez-les avec des sablés, une glace ou des fruits frais de saison.

∗ Le sucre pour confitures contient de la pectine, qui aide à la prise en gelée.

CARAMELS PASSION

POUR 400 G DE CARAMELS

PRÉPARATION : 15 min

CUISSON : 15 min

200 G DE CRÈME TRÈS
FRAÎCHE

200 G DE SUCRE SEMOULE

1 GROSSE C. À S. DE MIEL

3 C. À S. DE JUS DE FRUITS
DE LA PASSION

1 NOIX DE BEURRE

PAPIER CELLOPHANE

HUILE

* Préparez un cadre huilé ou tapissez une boîte de papier d'aluminium et badigeonnez-le d'huile (les boîtes en bois dans lesquelles sont vendues les figues sèches par exemple).

* Faites bouillir la crème et le miel dans une casserole, ajoutez le jus de fruits de la passion et le sucre, puis laissez cuire pendant 10 min sur feu vif, jusqu'à atteindre 125 °C. C'est le gros boulé : une goutte du mélange prélevée avec une cuiller et plongée dans un bol d'eau froide se durcit et forme une boule quand on la triture entre les doigts. Incorporez alors le beurre, puis versez la préparation dans le moule et laissez refroidir.

* Sortez la pâte de caramel du cadre ou de la boîte. Huilez un grand couteau à lame lisse ainsi que le plan de travail. Détaillez la pâte en bandes de 10 cm de long sur 1,5 cm de large. Recoupez éventuellement celles-ci en caramels, que vous emballerez dans du papier Cellophane en papillotes.

* Les caramels ou la pâte peuvent attendre, emballés et rangés dans le réfrigérateur, pendant une dizaine de jours.

LE FRUIT DE LA PASSION

■ Pour fêter le tricentenaire de la mort de Lully, la galerie des Batailles au château de Versailles avait perdu son caractère imposant, et des palmiers allégeaient les immenses tableaux guerriers. Ce soir-là, je me souviens, l'atmosphère était parfumée par Givenchy. En dessert, un sorbet aux six fruits exotiques fut servi aux dames. Le fruit de la passion avait laissé tomber sa carapace terne et fripée, et son parfum explosait tout en faisant ressortir celui des autres fruits. L'or parfumé qui se cache dans la petite balle brune ou jaune qu'est le fruit de la passion nous intéresse grandement en pâtisserie et en confiserie.

■ Coupez le fruit en deux et sortez la pulpe à la petite cuiller : soit vous aimez les graines et utiliserez donc la pulpe telle quelle, soit vous la passerez au moulin à légumes.

■ Son goût est épicé et acidulé, son parfum fleuri. Il est idéal pour les sorbets, les coulis ou les mousses.

Mélangez deux cuillerées à soupe de pulpe avec les graines et une cuillerée à café de sucre roux dans un yaourt nature, et dégustez bien frais au petit déjeuner.

LE SOUCI

■ N'hésitez pas à effeuiller ses pétales au-dessus d'une salade de fruits au moment de servir.

■ Sa saveur rappelle la doucette, et sa couleur jaune d'or donne un coup d'éclat à la composition. Trempée dans une pâte à beignets légère et frite pendant 2 secondes de chaque côté, la fleur de souci est un élément de décor.

LA VIOLETTE

■ Les boutons et les feuilles de violette odorante fraîchement cueillis à la fin de l'hiver servent à décorer. Les violacées n'ont pas toutes un parfum suave. Faites confiance à votre odorat pour les choisir.

■ Leur goût rappelle celui des noix vertes. Pour décorer un dessert, faites-les cristalliser (voir page 170).

FLEURS ET FEUILLES CRISTALLISÉES

PRÉPARATION : 10 min

CUISSON : 10 min

AU CHOIX : VIOLETTES, PÂQUERETTES, PÉTALES DE ROSES OU DE SOUCIS, PÉTALES ET FEUILLES DE CAPUCINES, GRAINS DE LAVANDE, FEUILLES DE GÉRANIUM ODORANT, DE MENTHE OU DE MÉLISSE

1 BLANC D'ŒUF

100 G DE SUCRE

* Prenons par exemple des pétales de roses. Choisissez des fleurs très parfumées et assez colorées. Coupez la base blanche de chaque pétale. Battez le blanc d'œuf en neige ferme. Trempez chaque pétale dedans, puis passez-le dans le sucre. Rangez les pétales au fur et à mesure sur la tôle du four, préalablement recouverte de papier sulfurisé. Mettez-la dans le four entrouvert, à chaleur très douce, juste pour sécher les pétales. Gardez-les ensuite dans une boîte hermétique au sec.

* La méthode est la même pour toutes les fleurs ou feuilles. Pour le géranium, la menthe, la mélisse ou les grains de lavande, n'oubliez pas que leur parfum est fort et qu'il ne doit pas dominer le dessert qu'ils accompagnent.

NOISETTES GRILLÉES

* Faites cuire les noisettes dans la poêle pendant 5 min sur feu vif, en les remuant. Elles embaument toute la cuisine, et une légère fumée apparaît.

* Enfermez-les alors dans un torchon rêche et bien propre, et frottez-les pour que la peau s'effrite.

* Vous pouvez les utiliser ainsi ou les concasser dans un petit sac en plastique, en les martelant avec un rouleau à pâtisserie ou une bouteille. Vous pouvez enfin les broyer en pâte et les utiliser en cuisine, en pâtisserie ou en confiserie.

CUISSON : 5 min

150 G DE NOISETTES

POÊLE ANTIADHÉSIVE

PISTACHES CARAMÉLISÉES

PRÉPARATION ET CUISSON :
10 min

200 G DE PISTACHES
DÉCORTIQUÉES
75 G DE SUCRE SEMOULE
15 G DE BEURRE

* Portez à ébullition 2 c. à s. d'eau dans une casserole avec le sucre, mélangez et laissez cuire pendant 3 min sans remuer. Lorsque le sucre commence juste à colorer, ajoutez les pistaches et remuez-les avec une spatule en bois à bout droit.

* Continuez la cuisson sur feu moyen, en remuant sans arrêt et en prenant soin de ne pas écraser les pistaches : le mélange commence par « sabler », puis le sucre va caraméliser. Les pistaches ne doivent pas roussir, sous peine de perdre leur saveur délicate. Si la coloration se fait trop vite, retirez immédiatement la casserole du feu.

* Lorsque tout le sucre est caramélisé, arrêtez la cuisson et incorporez le beurre. Sans attendre, étalez les pistaches caramélisées sur une feuille de papier sulfurisé, en les détachant les unes des autres à l'aide de deux fourchettes.

* Dégustez ces pistaches au dessert, comme friandises, ou utilisez-les pour décorer des desserts au chocolat. Elles se conserveront dans une boîte hermétique pendant 15 jours.

* Les amandes non mondées peuvent se préparer de la même façon ; elles sont moins fragiles.

* Pour obtenir le même effet que sur la photo, il faut mettre plus de sucre. Mais on ne peut conserver les pistaches car le sucre poisse.

Vins et liqueurs

VIN DE FRAMBOISE

POUR 1,5 L DE VIN

PRÉPARATION : 10 min

CUISSON : 10 min

REPOS : 48 h

1 BOUTEILLE DE VIN ROSÉ

500 G DE FRAMBOISES

BIEN MÛRES

200 G DE SUCRE ROUX

10 CL D'ALCOOL À 95°

OU 20 CL D'EAU-DE-VIE

DE FRUITS À 45°

* Versez les framboises dans une jatte, ajoutez le sucre, couvrez juste de vin et laissez macérer pendant 24 h au froid. Gardez le reste de vin dans la bouteille rebouchée.

* Faites chauffer le mélange vin, framboises et sucre dans une casserole. Retirez du feu quand il se met à bouillir, puis laissez refroidir. Passez dans une passoire, en ajoutant le reste de vin et l'alcool. Versez le liquide à travers un filtre en papier.

* Mettez en bouteille et gardez ces dernières bouchées, dans le réfrigérateur.

VIN DE MÛRE

POUR 1 GRANDE BOUTEILLE

PRÉPARATION : 20 min

CUISSON : 10 min

REPOS : 14 jours

75 CL DE VIN ROSÉ D'ANJOU

500 G DE MÛRES PAS

TROP MÛRES

200 G DE SUCRE ROUX

EN POUDRE

10 CL D'ALCOOL À 90°

OU 20 CL D'EAU-DE-VIE

DE FRUITS À 45°

✱ Mélangez les fruits dans une casserole avec le sucre, recouvrez-les juste de vin et laissez-les macérer dans le réfrigérateur pendant 48 h. Gardez le reste de vin dans la bouteille rebouchée.

✱ Faites chauffer ce mélange pendant 5 min. Passez-le au moulin à légumes, puis à travers une passoire, en ajoutant le reste de vin et l'alcool. Filtrez enfin dans la passoire tapissée d'une gaze. Mettez le vin de mûre dans la bouteille, rebouchez celle-ci et gardez-la dans le réfrigérateur.

✱ Dégustez ce vin dès le lendemain, sans modération, bien qu'il se conserve pendant 1 mois environ.

Annexes

TABLE DES DESSERTS

INDEX ALPHABÉTIQUE DES RECETTES

INDEX ALPHABÉTIQUE DES PRODUITS

Remerciements

Merci à ma sœur et complice Annie pour tous nos essais à quatre mains.
Deux de mes fils se sont aussi mobilisés. Serge a mis au point les recettes
ensoleillées dans son restaurant La Serre à Saint-Rémy-de-Provence
et Renaud a sélectionné les meilleurs produits des jardins comme
pour son magasin L'Escale bio à Houdan en Yvelines.